LENA MERZ & ANNINA SCHÄFLEIN

DAS GROSSE GU BREIFREI-KOCHBUCH

DIE BESTEN REZEPTE UND TIPPS VON DEN EXPERTINNEN DES BREIFREIBABY-BLOGS

LENA MERZ & ANNINA SCHÄFLEIN

DAS GROSSE GU BREIFREI-KOCHBUCH

DIE BESTEN REZEPTE UND TIPPS VON DEN EXPERTINNEN DES BREIFREIBABY-BLOGS

FOTOGRAFIE: SABRINA SUE DANIELS & SIMON KOY

INHALT

AB BEIKOSTREIFE

AB PINZETTENGRIFF

Diese Wertmarken zeigen dir bei jedem Rezept, ob dein Baby das Gericht direkt nach Erfüllung der Beikostreifezeichen essen darf oder ob du es deinem Kind erst nach Erlernen des Pinzettengriffs anbieten solltest. Was das genau bedeutet, kannst du ab Seite 8 nachlesen.

Bei vielen Rezepten findest du außerdem diese Icons:

- glutenfrei
- milcheiweißfrei
- vegan

LIEBE MAMA, LIEBER PAPA,

wir freuen uns, Dich und Dein Baby auf seiner Beikostreise begleiten zu dürfen. In dieser spannenden Zeit tauchen sicherlich auch bei Dir viele Fragen, Sorgen oder sogar Ängste auf. Und vielleicht überlegst Du, wo Du mit Baby nun die Zeit hernehmen sollst, täglich frisch zu kochen. Mit diesen Gedanken bist Du nicht allein – sie sind völlig normal und absolut in Ordnung. Mit diesem Buch wollen wir Dich unterstützen, bestärken und dir mit Rat und Tat zur Seite stehen.

Vieles ist so viel einfacher als Du denkst. Beikost ist keine Wissenschaft, sondern eine wunderschöne Möglichkeit als Familie gemeinsam Zeit zu verbringen und Dein Baby zu stärken. Genau aus diesem Grund lieben wir Breifrei! Es zeigt, wie leicht von Anfang an gemeinsam am Familientisch gegessen werden kann. Daher sind die meisten unserer Rezepte nicht nur für Babys, sondern auch für Eltern und große Geschwister prima geeignet. Zusätzlich bieten unsere Breifrei-Tipps viele weitere Ideen rund um die Mahlzeiten.

Vor allem aber wollen wir eines: Dich bestärken, Euren eigenen Weg zu finden. Jedes Baby is(s)t einzigartig, und somit verläuft auch jeder Beikoststart anders. Die Natur gibt Deinem Baby alles an die Hand, was es braucht. Es zeigt Dir durch die Beikostreifezeichen und seine motorischen Fähigkeiten genau, was es schon kann und wie weit es in seiner Entwicklung ist. Bleibe also ganz entspannt, gestehe dem Baby seine Kompetenz zu und schaffe ein regenbogenbuntes, gesundes und sicheres Nahrungsangebot. Der Rest ergibt sich ganz individuell von selbst. Vergleiche die Essfähigkeiten Deines Babys nicht und lass Dir nicht einreden, dass Dein Baby irgendetwas muss – schon gar nicht, eine bestimmt Menge zu einer festen Uhrzeit zu essen.

Bei unseren Rezepten ist für jeden Geschmack etwas dabei. Sicher wirst Du nach einigen Versuchen auch herausfinden, was besonders gut gelingt oder was bei Deiner Familie richtig gut ankommt.

Für Fragen zu den Rezepten, Anregungen zum Buch und für viele weitere Informationen rund um gesunde Baby- und Kleinkindernährung sowie ausgewogene Familienküche laden wir Dich auf unseren Blog breifreibaby.de und die zugehörigen Social-Media-Kanäle ein. Teile uns mit, was Dich beschäftigt, welche Rezepte gelingen oder wo es Schwierigkeiten gibt. Wir sind gespannt auf Dein Feedback!

Herzlich,

Amina & Lena

BREIFREI – WAS IST DAS?

Die Begriffe »Breifrei«, »baby led weaning« (BLW) oder »babygeleitete Beikost« bezeichnen eine babygeleitete Beikosteinführung nach Bedarf ohne klassischen Babybrei. Zeitgleich geht damit eine schrittweise Entwöhnung von der Muttermilch oder Pre-Nahrung einher. Nachfolgend nennen wir nur noch die Muttermilch, meinen aber stets beides.

BREIFREI – SO GEHT'S!

Die breifreie Beikost wird ohne einen starren Ernährungsplan begonnen. Die Versorgung des Babys bleibt dabei weiterhin durch die Milch(-Nahrung) sichergestellt, die das Baby weiter nach Bedarf bekommt. Das Baby wird nicht mit Babybrei gefüttert, sondern kann selbstbestimmt aus einem abwechslungsreichen und gesunden Angebot an festen Nahrungsmitteln am Tisch wählen und gemeinsam mit der Familie essen.

So lernt dein Kind mit allen Sinnen eine Vielzahl an Lebensmitteln in unterschiedlichen Geschmacksrichtungen, Gerüchen und Texturen kennen. Auch breiige Konsistenzen wie Kartoffel- oder Grießbrei (zum Selberessen mit den Händen oder später mit Besteck) sind möglich. Von Anfang an darf das Baby an allen Mahlzeiten teilnehmen. Neue Lebensmittel müssen nicht nach und nach eingeführt werden, sondern werden einfach am Familientisch kennengelernt.

»Es geht uns nicht darum, schnell Milchmahlzeiten zu ersetzen oder abzustillen. Ziel ist es vielmehr, dass dein Baby sich in seinem Tempo mit dem Thema Essen vertraut machen darf und die Beikosteinführung achtsam und respektvoll nach Bedarf geschieht.«

STARTZEIT FÜR DIE BEIKOST

Nicht (nur) das Alter des Kindes, sondern vor allem seine individuelle Entwicklung sind ausschlaggebend für den Beikoststart. Bevor es sicher essen kann, muss es motorisch und von der Reife des Darms her dafür bereit sein. Die drei Beikostreifezeichen (nach UNICEF) beschreiben, wann das Baby bereit ist, um zu starten. Sie gelten, egal ob Brei gefüttert oder breifreie Nahrung angeboten wird. Diese Reifezeichen treten im Durchschnitt um den 6. Monat auf. Es hat keine Vorteile für das Baby, bereits früher mit der Beikost zu beginnen. Vielmehr ist es ein Nachteil, zu starten, bevor die motorische Entwicklung und die damit parallel laufende Entwicklung des Magen-Darm-Traktes bereit sind.

DREI BEIKOSTREIFEZEICHEN

An diesen drei Zeichen erkennst du, ob dein Baby bereit ist für den Start in die Beikost.

Sitzen (alleine oder mit wenig Unterstützung)

Das Baby benötigt eine gewisse Rumpfspannung und -stabilität, damit es während der Mahlzeiten seinen Oberkörper aufrecht halten kann. Anfangs sitzt es auf dem Schoß und wird im unteren Rückenbereich unterstützt. Ist die Rumpfmuskulatur noch nicht ausreichend ausgebildet, so sackt das Kind in sich zusammen und die Gefahr des Verschluckens ist groß. Die Rumpfmuskulatur bietet z. B. auch Unterstützung beim Herauswürgen von Speisebrocken. Sobald das Kind sich selbst in die sitzende Position bringt und dort halten kann, darfst du es in den Hochstuhl setzen. Wichtig ist, dass es eine Fußstütze gibt, auf der die Füße Kontakt haben. Das erleichtert im Fall des Verschluckens das Abhusten.

Verschwundener Zungenstoßreflex

Der Zungenstoßreflex schützt davor, dass Dinge in den Mundraum gelangen, die verschluckt bzw. noch nicht verdaut werden können. Dabei schiebt sich die Zunge sofort aus dem Mund, wenn ein Gegenstand oder Nahrungsmittel mit den Lippen in Kontakt kommt. Ist dieser reflexartige Schutzmechanismus des Körpers verlagert, so ist auch die Darmreife des Babys gegeben und nicht nur Muttermilch, sondern auch Lebensmittel können verdaut werden.

Koordination Augen-Hand-Mund

Das beschreibt die Fähigkeit und motorische Entwicklung des Kindes, vor sich liegende Speisen zu sehen, diese gezielt greifen und halten zu können, um sie dann zum Mund zu führen. Das Baby kann sich also selbst füttern.

WICHTIG: Ob breifrei oder Brei – das Kind sollte niemals halb liegend oder liegend essen, da es sich dort leichter verschlucken und ersticken könnte. In einem Erste-Hilfe-Kurs für Babys und Kleinkinder wird erlernt, wie im Fall des drohenden Erstickens gehandelt werden muss. Dadurch bekommst du als Bezugsperson mehr Sicherheit und kannst dein Baby entspannter bei der Beikost begleiten.

BREIFREIE BEIKOST UND STILLEN

Bei der babygeleiteten Entwöhnung von der Muttermilch (»baby led weaning«) geht es darum, die Beikost langsam und zusätzlich zur Muttermilch – nicht anstatt – anzubieten. Die aktuelle Empfehlung der Weltgesundheitsorganisation (WHO) lautet, das Baby in den ersten 6 Monaten (180 Tage) ausschließlich zu stillen. Unter dem Schutz der Muttermilch wird die Beikost eingeführt und es kann bis zum zweiten Lebensjahr oder darüber hinaus weitergestillt werden, wenn Mutter und Kind sich damit wohl fühlen.
Muttermilch hat im Vergleich mehr Kalorien und Nährstoffe als Babybrei oder die Familienkost. Das bedeutet, dass es für das Baby anfangs leichter ist, seinen Bedarf durch zusätzliche Milchmahlzeiten zu decken.

BEIKOST MUSS NICHT SATT MACHEN

Die Beikost sollte eher langsam gesteigert werden. Nicht nach Wochen, sondern eher Monaten, werden Babys durch die Mengen der Beikost satt und die Milchmengen deutlich weniger. Zu Beginn und auch nach einigen Monaten Esspraxis kann es immer wieder sein, dass dein Baby häufiger gestillt werden möchte. Es macht neue, aufregende Erfahrungen und kehrt zurück an seine sichere Basis.

BEIKOST UND TRINKEN

Beginnt ein Baby zu essen, so benötigt es ab einem gewissen Zeitpunkt zusätzliche Flüssigkeit. Ein nach Bedarf gestilltes Kind wird durch die Muttermilch optimal mit Flüssigkeit versorgt. Einem Kind, das Formula-Nahrung bekommt, sollte recht bald zu Beginn der Beikost auch etwas zu trinken angeboten werden. Dabei ist Wasser das Getränk der Wahl, am besten in einem Trinkgefäß mit großer Öffnung, das sich gut halten lässt.

MOTORISCHE ENTWICKLUNG

In gewissen Altersspannen laufen typische Entwicklungsschritte ab, doch entwickelt sich jedes Kind in seinem eigenen Tempo.

Mit 6–8 Monaten

Dein Baby kann mit Unterstützung sitzen, greift mit der kompletten Hand und schließt Lebensmittel in seiner Handinnenfläche ein. Es führt diese zum Mund und isst das oben und unten aus der Faust überstehende Essen ab. Hierbei kann es passieren, dass Lebensmittel zerdrückt werden, da alles noch wenig kontrolliert stattfindet. Die Faust wird unmittelbar geöffnet und Essen fällt herunter. Auch wird der Prozess im Mund erlernt und Lebensmittel werden mit den Kauleisten abgetrennt, mit der Zunge im Mund hin- und hergeschoben, am Gaumen zerdrückt, eingespeichelt und ggf. geschluckt oder ausgespuckt. Einfach machst du es deinem Kind, wenn du Lebensmittel in Stickform anbietest.

Mit 8–10 Monaten

Dein Baby kann nun auch besser mit rutschigen Lebensmitteln und aneinanderklebenden Speisen wie Reis oder Kartoffelbrei umgehen. Auch wird die Kontrolle der eigenen Kraft besser und es wird weniger fest zugegriffen. Die Faust kann gezielt geöffnet werden und so auch das umschlossene Essen aus der Handinnenfläche gegessen werden. Das Baby kann geübter schlucken.

Mit 9–12 Monaten

Der Pinzettengriff entwickelt sich, mit dem dein Baby ganz gezielt auch sehr kleinteiliges Essen mit Daumen und Zeigefinger greifen kann. Ab diesem Zeitpunkt können dem Baby Reis, Gemüsewürfelchen, Himbeeren & Co. angeboten werden. Das Kind lernt Trinkgefäße zu halten, und du kannst ihm Suppen und flüssige Speisen zum Trinken oder auch zum Dippen anbieten. Auch Besteck darf das Baby jetzt kennenlernen.

BEIKOSTPLAN

Anders als bei der Ernährung des Babys mit klassischem Babybrei, gibt es für die babygeleitete und breifreie Beikost keine Vorgaben für Mengen oder Lebensmittel. Fernab starrer Empfehlungen und tradierter Breipläne kann das Baby gemeinsam mit den anderen Familienmitgliedern in seinem Tempo schrittweise an die feste Kost herangeführt werden und selbstbestimmt nach seinem Bedarf essen.

DEIN BABY IS(S)T KOMPETENT

Du kannst darauf vertrauen, dass dein Baby ein sehr gutes Hunger- und Sättigungsgefühl hat. Du stärkst diese Körperwahrnehmungen, indem nicht du, sondern dein Baby über Trink- und Essmengen entscheidet. Fördere weiter das Gefühl der Selbstwirksamkeit, indem du auf die Signale deines Babys achtest und nicht nach festen Zeiten, sondern nach Bedarf etwas zu Essen anbietest und weiter stillst.

WICHTIG: Muttermilch unterstützt die Verdauungsprozesse und sorgt dafür, dass die gegessenen Lebensmittel leichter verstoffwechselt werden. Gerade am Anfang bietet es sich an, das Baby vor den Beikostmahlzeiten zu stillen. So ist es nicht zu hungrig und kann Neues entspannt entdecken.

ÄNGSTE UND SORGEN

Die wohl größte Sorge beim Thema Beikost ist, dass das eigene Kind ersticken könnte. Doch egal, ob Brei gefüttert wird oder das Kind breifrei isst: Die Gefahr ist nicht kleiner oder größer. Vielmehr ist es wichtig, einige Sicherheitsaspekte zu beachten und die Unterschiede zwischen Würgen, Verschlucken und Ersticken zu verstehen.

WÜRGEN

Orales Ausprobieren ist sehr wertvoll, dabei führt das Baby Gegenstände zum und in den Mund. Der Würgereiz sorgt dafür, dass nichts, was zu groß ist, in die Speiseröhre gelangt. Bei einem beikostreifen Baby wird der Würgereiz früher ausgelöst als bei Erwachsenen – nämlich schon dann, wenn das Essen den mittleren Bereich der Zunge berührt. Es kann natürlich sehr beängstigend sein, wenn lautstark und mit rotem Kopf gewürgt wird. Aber mit dem Würgen wird ein sicherer Umgang mit Nahrung geübt.

VERSCHLUCKEN UND ERSTICKEN

Dazu kann es kommen, wenn die Luftröhre zum Teil oder vollständig durch einen Gegenstand oder Nahrung blockiert wird und nicht abgehustet werden kann. Zu unterscheiden ist hier zwischen einem effektiven und ineffektiven Husten. Beim effektiven Husten ist das

Kind laut, weint vielleicht, kann noch atmen und schafft es selbstständig abzuhusten. Sofort eingegriffen werden muss, wenn das Kind blass bis bläulich wird, sehr leise oder geräuschlos hustet, nicht mehr atmen kann oder das Bewusstsein verliert. Wir empfehlen deshalb, einen Erste-Hilfe-Kurs für Babys und Kleinkinder zu besuchen.

SICHERE ESSUMGEBUNG

Folgende Aspekte garantieren eine sichere Essumgebung für dein Baby.
Beikostreife: Das Baby erfüllt alle drei Beikostreifezeichen (s. S. 9).
Nur im Sitzen: Essen wird nur im Sitzen angeboten. Die Füße des Babys haben festen Kontakt zur Fußplatte des Hochstuhls, damit im Fall des Verschluckens gut abgehustet werden kann.
Nichts Kleinteiliges zu Beginn der Beikost: Nur Essen anbieten, das das Baby gut greifen kann. Auf zu Kleinteiliges und ungeeignete Lebensmittel verzichten (s. vordere Innenklappe).
Das Baby bestimmt: Das Baby wählt selbstbestimmt Nahrungsmittel aus und führt diese selbstständig zum Mund.
Hab Geduld: Das Baby isst im Sitzen zu Ende, bis der Mund leer ist.
Bleib entspannt: Als Bezugsperson gelassen bleiben und auf die Kompetenz des Babys vertrauen.
Nur mit Aufsicht: Das Baby beim Essen niemals unbeaufsichtigt lassen.

ESSEN UND KAUEN OHNE ZÄHNE

Dein Baby benötigt keine Zähne, um mit der breifreien Beikost beginnen zu können. Die Fähigkeit zum Kauen entwickelt sich, und Mund- und Zungenmuskulatur unterstützen den Prozess der Nahrungszerkleinerung und des Schluckens. Mit Lippen, Kauleisten, Zunge und Gaumen können Stücke von weichen Lebensmitteln abgedrückt und mit Unterstützung des Speichels zerkleinert werden. Beim Abbeißen härterer Lebensmittel helfen die Schneidezähne. Nur das Zerkleinern fester Zellstrukturen wie z. B. von Kohlgemüse ist erst mit den Backenzahnpaaren möglich.

»Je besser wir als Eltern informiert sind, desto sicherer fühlen wir uns, können unserem Baby seine Kompetenz lassen und es entspannt beim Essenlernen begleiten.«

DIE VERDAUUNG STELLT SICH UM

Wenn ein voll gestilltes Kind mit der Beikost beginnt, verändert sich auch die Verdauung. Der Stuhlgang kann in einer anderen Frequenz (sowohl häufiger als auch seltener) auftreten, und auch die Konsistenz (weicher oder fester) und der Geruch verändern sich.
Die Verdauungsprozesse beginnen im Mund. So ist es von Vorteil, dass das Baby Speisen lange im Mundraum behält, einspeichelt und zerkleinert. Sei nicht beunruhigt, wenn anfangs noch unverdaute Speisenbestandteile im Windelinhalt zu finden sind. Eine bessere Aufspaltung erfolgt mit der Zeit. Hat dein Baby Probleme mit dem Stuhlgang, denke daran, vor und nach den Mahlzeiten zu stillen, Wasser anzubieten, Essen mit Öl anzureichern und stuhllockernde Nahrungsmittel wie Birne oder Pflaume in die Kost zu integrieren.

ALLERGIEPRÄVENTION

Beikost kann sich positiv auf die Allergieprävention auswirken, denn das Immunsystem lernt neue, auch potentiell allergene Stoffe unter dem Schutz der Muttermilch kennen.
Mit der Einführung einer babygeleiteten Beikost und dem Ausprobieren verschiedenster Lebensmittel erhält der Organismus des Babys unterschiedlichste Informationen, die dem Immunsystem helfen, sich in seiner Toleranzentwicklung zu üben.

NÄHRSTOFFREICH KOCHEN

Zu Beginn der Beikostzeit müssen sich Eltern oft viele (ungefragte) Tipps anhören. Leider entstehen dadurch immer wieder Unsicherheiten, z. B. in Bezug auf die Nährstoffversorgung des Babys. Wir zeigen dir, wie du nährstoffreich kochen kannst, sodass deine Familie und dein Baby optimal versorgt sind.

WELCHE NÄHRSTOFFE BRAUCHT DAS BABY?

Dein Baby braucht eine möglichst optimale Versorgung mit Mikro- und Makronährstoffen. Ist die (stillende) Mutter gut versorgt, reicht in der Regel im gesamten ersten Lebensjahr die Nährstoffversorgung über die Muttermilch, auch wenn das Baby erst kleine Mengen Beikost zu sich nimmt. Auch Pre-Nahrung ist optimal auf die Bedürfnisse der Säuglinge zugeschnitten.

Die Mikronährstoffe Eisen, Kalzium, Zink, Magnesium, Jod und Selen sollten trotzdem regelmäßig im Speiseplan vorkommen. Auch Omega-3-Fettsäuren, die Vitamine D und K sowie die B-Vitamine sind wichtig. Einfach ist es, dein Baby mit den Makronährstoffen Eiweiß, Fett und Kohlenhydraten zu versorgen.

NÄHRSTOFF-HITLISTE

Eisen: Tierisches Eisen (Hämeisen) kann vom Menschen besser aufgenommen werden als pflanzliches. Es steckt z. B. in Fleisch, Fisch und Geflügel. Pflanzliches Eisen ist in Haferflocken, Leinsamen, Nüssen, Saaten und Kernen enthalten. Die Aufnahme kann durch Vitamin C und Beta Carotin noch gefördert werden. Hemmend für die Aufnahme von Eisen sind Proteine z. B. aus Soja und Kuhmilch. Statt Getreidebrei mit Kuhmilch also einfach einen Porridge mit Haferdrink anbieten und mit frischem Obst servieren.

Kalzium, Zink, Magnesium: Besonders Nusskerne und Saaten sowie Vollkorngetreide liefern hochwertige Mengen dieser Nährstoffe. Sie lassen sich in Form von Backwaren, Nussmus, selbst gemachten Aufstrichen und Pesto wunderbar in die Babyernährung einbauen. Berücksichtige dabei ruhig auch Sorten wie Sesam, Kürbiskerne, Hanfsamen und Walnusskerne.

Jod und Selen: Beide nimmt der Körper über tierische Lebensmittel zu sich, da Tierfutter in der EU damit angereichert wird. In pflanzlichen Lebensmitteln kommen Selen und Jod nahezu gar nicht vor – mit Ausnahme von Algen. Wenn im Speiseplan auf tierische Produkte verzichtet wird, ist es wichtig den Bedarf entsprechend zu supplementieren.

Omega-3-Fettsäuren: Sie sind in Fisch enthalten. Bei Lebensmitteln aus dem Meer muss jedoch auf die Herkunft geachtet werden, da sie auch Schadstoffe enthalten können. Pflanzliche Quellen sind mit DHA und EPA (marine Omega-3-Fettsäuren) angereichertes Leinöl sowie Lein-, Chia- und Hanfsamen.

Vitamin D: Im Sommer wird Vitamin D über die Haut aufgenommen. Im Winter ist eine Supplementierung immer in Zusammensetzung mit Vitamin K angeraten.

B-Vitamine: Die Vitamine der B-Reihe sind in Fleisch und tierischen Lebensmitteln enthalten. Weitere B-Vitamine finden sich reichlich in buntem Gemüse, Hülsenfrüchten, Vollkorngetreide, Nüssen und Saaten.

Eiweiß (Protein): Pro Kilogramm Körpergewicht sollten Babys maximal 1 g Eiweiß pro Tag zu sich nehmen. Oft ist die Versorgung mit tierischem Eiweiß zu hoch. Stattdessen vermehrt auf Proteine aus Pflanzen (Hülsenfrüchten, Vollkorngetreide, Soja, Kürbiskernen) setzen und diese richtig kombinieren, z. B. Getreide und Hülsenfrüchte als Vollkornbrot mit Aufstrich.

UNSERE NÄHRSTOFFTIPPS

Am einfachsten erreichst du eine gute Nährstoffversorgung, wenn du unsere Tipps für die ganze Familie anwendest und dauerhaft in dein tägliches Kochprogramm aufnimmst.

Eat the Rainbow: Biete deinem Baby saisonale Lebensmittel aus allen Nährstoffgruppen in verschiedenen Farben an: Grüne Kiwis, Avocado und Spinat, blaue Heidelbeeren, Aubergine und Trauben, rote Erdbeeren, Tomaten und Bete, gelbe Paprika, Bananen und Getreide, weiße Rübchen, Pasta und Joghurt, orangefarbene Möhren, Kürbis sowie braune Nüsse und Saaten. Je bunter der Speiseplan umso mehr verschiedene Nährstoffe werden automatisch aufgenommen.

»Hidden Champions« einbauen: Nüsse, Saaten und Kerne sind die größten Nährstoffbomben überhaupt. Baue sie möglichst oft in euren Speiseplan ein. Das geht am besten mit Nussmus in Müsli, Backwaren und Saucen oder mit gemahlenen Saaten und Nüssen in Bratlingen, Broten und Muffins. Sesam, Kürbiskerne, Walnusskerne und Leinsamen solltest du immer zu Hause haben.

Cool bleiben: Biete deinem Baby einen ausgewogenen Speiseteller an, es wird sich das nehmen, was es braucht. Vielleicht isst es einige Zeit nur Fett oder viele Beeren. Aber das ist normal, denn die Entwicklungsschritte deines Kindes gehen Hand in Hand mit verschiedenen Nährstoffbedürfnissen.

WICHTIG: Nicht immer ist der Kinderarzt der richtige Ansprechpartner, wenn es um das Thema Beikost und Nährstoffversorgung geht. Hier am besten nachfragen, ob deine Ärztin oder dein Arzt eine entsprechende Zusatzausbildung hat. Ansonsten an Fachkräfte für babygeleitete Beikost, Hebammen, Stillberaterinnen oder an Ernährungsberatungen wenden.

AUSSTATTUNG FÜR DIE BEIKOSTZEIT

Viele Dinge, die es für Babys gibt, sind völlig überflüssig. Du musst für den breifreien Alltag also sicher keine Unsummen ausgeben. Ein paar wenige Babyartikel und Küchenhelfer wollen wir dir trotzdem gerne vorstellen, da wir sie sehr hilfreich und praktisch für die Beikostzeit finden.

HILFREICHE BABYARTIKEL

Viele Babyartikel halten jahrelang, und häufig werden sie auch weitergegeben. Bestimmt findest du also im Freundeskreis oder auf dem Flohmarkt das eine oder andere.

Abwaschbares Ärmellätzchen: Essenziell, denn Breifrei heißt Kleckerei. Dein Baby lernt sein Essen mit allen Sinnen kennen. Das heißt, du findest Reiskörner in den Ohren, Avocado im Haar und Tomate zwischen den Fußzehen. Um dies zu begrenzen und nicht dreimal am Tag baden zu müssen, sind abwaschbare Ärmellätzchen das beste Mittel bei vollem Körpereinsatz.

Hochstuhl mit Tablett: Wenn dein Baby sich selbstständig hinsetzen kann, darf es von nun an die Mahlzeiten im Hochstuhl zu sich nehmen. Ein Hochstuhl, der mit Fußbrett und Tablett ausgestattet ist, bietet dem Baby sowohl die nötige Stabilität zum Abhusten als auch die Möglichkeit, erst einmal völlig ohne Geschirr und Besteck zu essen. Du kannst ihm die Mahlzeiten direkt auf seinem Tablett servieren. So fliegen keine Teller durch die Gegend, und das Tablett kann nach der Mahlzeit komplett in die Spülmaschine.

Essmatte aus Silikon oder Teller mit Saugnapf: Du kannst deinem Baby in verschiedenen Fächern Mahlzeitenkomponenten anbieten. Die Matten und Teller sind bruchsicher und haften auf der Tischplatte. Denn sicher kommt die Phase, in der dein Baby alles vom Tisch werfen wird. Auch das Erlernen von Essen mit Besteck fällt so viel leichter.

Kleiner Trinkbecher oder Schnapsglas: Dein Baby lernt damit das Trinken ganz natürlich, ohne Schnabeltasse oder Trinklernbecher. Am Anfang wird hier mit Unterstützung genippt, später selbstständig gehalten und getrunken. Becher aus Edelstahl oder dickwandige Schnapsgläser sind für den Anfang ideal.

Waschlappen oder Küchentücher: Mit waschbaren Küchentüchern oder Waschlappen aus Stoff sparst du dir viel Müll. Denn nicht nur das Baby muss am Ende der Mahlzeit einmal feucht abgewischt werden, auch der Tisch, der Hochstuhl und eventuell der Boden sind zu reinigen. Liegt der feuchte Lappen schon bereit, geht das aber ganz schnell.

WERTVOLLE KÜCHENHELFER

Die folgenden drei Küchenhelfer sind besonders wichtig in der Beikostküche. Sie erleichtern es dir enorm, das Essen babygerecht zuzubereiten.

Wellenschnittmesser: Damit lassen sich Früchte, Gemüse und Backwaren so schneiden, dass griffige Schnittkanten entstehen. So kann dein Baby flutschige Sticks viel besser greifen.

Mini-Muffinform: Als echte Meal-Prep-Fans backen wir einmal pro Woche verschiedene Snacks und Backwaren vor. Mit einer Mini-Muffinform (am besten aus Silikon) kannst du so backen, dass kleine Babyhände die Muffins super greifen können. Außerdem lassen sich die Mini-Muffins perfekt auftoasten und schnell auftauen.

Waffeleisen: Waffeln sind der Dauerbrenner in der breifreien Ernährung. Man kann sie süß oder herzhaft backen und verschiedene Mehlsorten ausprobieren. Waffeln eignen sich perfekt zur Resteverwertung. Du kannst sie auch als Brotersatz belegen oder in die Grab-'n'-Go-Box packen. Waffeln schmecken unterwegs, lassen sich tiefkühlen, schnell auftauen und super von Babyhänden greifen.

»Essen lernen ist ein Entwicklungsschritt wie jeder andere deines Babys auch. Habe keine Erwartungen an dein Baby, sondern lass es in seinem eigenen Tempo beginnen und ausprobieren.«

ZUTATEN AUS DEM VORRAT

Auch ein gut sortierter Vorratsschrank hilft dir durch die Beikostzeit. Folgende Basics solltest du jetzt immer im Haus haben.

- Getreide: Couscous, Hirse, Reis
- Haferflocken
- Hülsenfrüchte: Bohnen, Linsen und Erbsen
- Kerne und Saaten (z. B. Leinsamen)
- verschiedene Mehlsorten
- verschiedenes Nussmus
- hochwertige Öle
- Pflanzendrink (z. B. Haferdrink)
- Vollkornnudeln
- Weinstein-Backpulver
- salzfreie Gemüsebrühe
- milde Gewürze (edelsüßes Paprikapulver, gemahlene Vanille, Ceylon-Zimtpulver)
- getrocknete Kräuter

MEAL PREP FÜR ELTERN

Gerade wenn man ein junges Baby oder Kleinkind zu Hause hat, wird Kochen oft zur Herausforderung. Zum einen essen die Babys oft viel kleinere Mengen als zubereitet, zum anderen fehlt die Zeit, um lange in der Küche zu stehen. Aber dafür gibt es eine Lösung: Meal Prep.
Wir sind große Fans davon, Essen für das Baby (und die ganze Familie) vorzubereiten und vorzukochen. Mit Meal Prep sparst du nicht nur Zeit und Geld, sondern vermeidest auch viel Stress. Mit unseren Tipps gelingt es dir ganz sicher, eine schöne Routine für das Vorkochen und Vorbereiten in deiner Familie zu etablieren.

DIE PLANUNG

Babys essen neben den Hauptmahlzeiten am Familientisch auch zwischendurch viel mehr Snacks sowie Obst- und Gemüsemahlzeiten als wir Erwachsene. Wenn du das im Hinterkopf behältst, fällt die Meal-Prep-Planung ganz leicht.

»Übung macht den Meister bzw. die Meisterin. Du musst nicht mit fünf vorbereiteten Mahlzeiten starten, sondern kannst dein Repertoire nach und nach erweitern. Irgendwann geht es dir leicht von der Hand und wird dir auch nach der Baby- und Beikostzeit viel Zeitersparnis bringen.«

EIN MEAL-PREP-TAG PRO MONAT

Etabliere dir einen Vorkochen- und Vorbereiten-Tag pro Monat und koche und backe hier den Grundstock deiner Grab-'n'-Go-Box. Du kannst dir drei bis vier saisonale Rezepte auswählen, sie nacheinander zubereiten und tiefkühlen. Zum Beispiel wählst du im Sommer Knabberbrötchen, Pizzastangen und Aprikosen-Muffins (s. S. 50, 45 und 128), stellst dich 2 Stunden in die Küche und hast danach eine prall gefüllte Box mit Snacks.

GRAB 'N' GO

Jetzt kommt der einfachste Teil. Wenn du einen Termin hast, unterwegs bist oder es morgens sehr schnell gehen muss, kannst du spontan oder am Vorabend etwas aus deiner Grab-'n'-Go-Box nehmen, es auftauen und anbieten. Dein Aufwand ist minimal und dein Kind zufrieden.
Natürlich funktioniert das nicht nur mit Snacks. Auch Pastasaucen, Bratlinge, Waffeln, Sticks oder Falafeln kannst du in großen Mengen vorbereiten und tiefkühlen. Selbst vollständige Mahlzeiten kannst du einfrieren und bei Bedarf auftauen. Durch das Tiefkühlen von Resten vermeidest du zusätzlich die Verschwendung von Lebensmitteln.

TIEFKÜHLEN

Du kannst viel mehr tiefkühlen als du denkst – und dir so viel Arbeit sparen. Darüber hinaus lohnt es sich, auch kleine Reste wie einzelne Bratlinge, Waffelherzen oder Brotscheiben einzufrieren.

Was kann tiefgekühlt werden?

Tiefkühlen kannst du fast alle Lebensmittel. Besonders trockene Backwaren wie Muffins,

Waffeln, Pancakes oder Brötchen lassen sich sehr gut tiefkühlen. Auch easy: fertige Mahlzeiten (ohne rohe Komponenten) wie z. B. Dinkelbratlinge mit Kürbissauce oder One-Pot-Pasta (s. S. 68 und 100).
Nicht (gut) tiefkühlen lassen sich Mahlzeiten mit rohen Komponenten, wie z. B. Blattgemüse, Rohkost, Kartoffelgerichte sowie Gebäck mit Sahnecreme.

Wie lange kann tiefgekühlt werden?

Alle Gerichte aus den Rezeptkapiteln können mindestens 3 Monate ins Tiefkühlfach. Fleisch- und Fischgerichte empfehlen wir innerhalb von 3 Monaten zu essen. Gemüsegerichte sind mindestens 6 Monate haltbar, Backwaren sogar bis zu 12 Monate.
Dabei sind diese Zeitangaben immer nur eine grobe Orientierung. Verlasse dich auf deinen Geruchs- und Geschmackssinn. Solange dein Tiefkühlgerät zuverlässig arbeitet, gibt es keinen Grund zur Sorge.

Wie kann tiefgekühlt werden?

Wir bevorzugen umweltfreundliche Verpackungen: große Boxen aus Glas oder langlebigem Kunststoff, Einmachgläser und kleine Schraubgläser für Saucen und Dips oder Beutel aus Silikon. Faustregel: Oben im Behälter mindestens 1 cm Platz lassen, damit er nicht aufgeht. Alle Speisen müssen vorher abkühlen und sollten möglichst ohne Kondenswasser luftdicht tiefgekühlt werden. Snacks und Brotscheiben am besten auf einem Blech vorfrieren und dann in große Boxen füllen.

AUFTAUEN

Backwaren können über Nacht bei Zimmertemperatur oder im Kühlschrank auftauen und auf dem Toaster aufgefrischt werden. Brot, Waffeln und Pancakes sind mit der Auftaufunktion des Toasters im Nu essfertig erwärmt. Fertige Mahlzeiten lassen sich in der Mikrowelle oder in einem kleinen Topf auf dem Herd in kurzer Zeit auf Esstemperatur bringen.

BREIFREI UNTERWEGS

Fragst du dich auch, was du deinem Baby unterwegs anbieten sollst? Bist du unsicher, was du im Restaurant bestellen kannst? Diese Fragen tauchen bei Eltern auf, wenn das Baby zu essen beginnt. Aber ganz egal, ob kleiner Ausflug, längere Autofahrt oder Urlaub in Ferienwohnung oder Hotel – auch unterwegs ist es einfach und unkompliziert, deinem Baby das breifreie Essen zu ermöglichen.

UNTERWEGS MIT BABY

Auch unterwegs solltest du stets die Sicherheitsregeln im Hinterkopf haben. Das bedeutet z. B., dass dein Baby nicht im Auto essen sollte, da du hier keine Möglichkeit hast einzugreifen, wenn es sich verschluckt. Unterwegs essen ist darüber hinaus aber ganz einfach. Dein Baby kann bei einem Picknick auf dem Boden sitzen oder die Mahlzeit auf deinem Schoß genießen. Hier unsere besten Tipps für einen gelungen Ausflug mit Baby:

Snacks: Bereite eine kleine Box mit Snacks, Obst und Gemüse vor. Dafür kannst du zum Beispiel weiche Früchte aufschneiden, rohes oder gedünstetes Gemüse vorbereiten oder Backwaren, die nicht gekühlt werden müssen, einpacken. Knabberbrötchen (s. S. 50), Gemüsewaffeln (s. S. 153), Müsliriegel, kleine Pfannkuchen oder Mini-Pizzen (s. S. 64), lassen sich prima mit vielen Nährstoffen vorbereiten und kalt anbieten.

Büfett: Auch bei einem Büfett findest du babygeeignete Komponenten der angebotenen Gerichte wie Beilagen, Gemüse, gegartes Fleisch oder Fisch.
Salz: Frage nach, ob das gewählte Essen gesalzen ist, oder lasse dir etwas ohne Salz für dein Baby zubereiten.
Locker bleiben: Bei einer ausgewogenen und salzfreien Ernährung ist es völlig in Ordnung, wenn es mal ein paar Tage gibt, an denen weniger darauf geachtet wird.

AUSWÄRTS ESSEN MIT BABY

Vorbereitung ist alles. Wenn du entspannt bist, ein Tuch zum Reinigen mitnimmst und dein Baby ausprobieren lässt, gestalten sich auch Restaurantbesuche entspannt. Wische einfach vor und nach der Mahlzeit den Hochstuhl ab, und alle sind glücklich. Mit den folgenden Tipps kannst du den Aufenthalt im Restaurant mit Baby genießen:
Familienfreundlich: Wähle ein familienfreundliches Restaurant oder besuche dein Stammlokal. Dort kennst du dich aus, und ihr könnt euch von Anfang an wohlfühlen.
Lätzchen & Co.: Rüste dich und dein Baby mit Lätzchen, Stoffwaschlappen und Mulltuch. So kannst du größere Kleckereien begrenzen.
Reinigen: Bleibe entspannt und hebe heruntergefallenes Essen erst nach der Mahlzeit auf. Jetzt ist auch der richtige Zeitpunkt, um den Hochstuhltisch mit einem Lappen oder Feuchttuch abzuwischen.
Sitzen bleiben: Erwarte nicht, dass dein Baby lange sitzen bleiben möchte. Nimm es gerne auf deinen Schoss, packe ein Tragetuch ein oder nimm den Buggy mit, falls ihr euch bewegen möchtet.
Snacks: Nimm dem Baby bekannte Snacks oder kleinere Speisen mit, falls es nichts Unbekanntes probieren möchte.
Spielsachen: Packe noch Babys Lieblingsbuch oder Malstifte in die Wickeltasche, damit es nicht langweilig wird.
Zeit: Plane die Zeit so, dass dein Baby nicht übermüdet oder sehr hungrig ist.

»Halte es im Restaurant einfach und unkompliziert. Dein Baby erwartet sicherlich nie ein 5-Gänge-Menü. Im Gegensatz zu uns Erwachsenen haben Babys keinerlei Erwartung an Geschmack und Konsistenz, die erfüllt werden müssen.«

WAS ISST MEIN BABY IM RESTAURANT?

Es lohnt sich immer im Restaurant nachzufragen, ob etwas extra für dein Baby ohne Salz zubereitet werden kann. Viele Gastwirte und Köche erfüllen dir gerne diesen Wunsch. Aber ob asiatisches, deutsches, griechisches, italienisches oder orientalisches Restaurant – auf jeder Speisekarte findest du Gerichte, bei denen dein Baby mitessen kann oder dessen Komponenten babygeeignet sind. So kannst du ein passendes Gericht für dich bestellen und deinem Baby Teile davon abgeben. Vielleicht hast du auch die Möglichkeit, bereits vor dem Restaurantbesuch (z. B. online) einen Blick auf die Speisekarte zu werfen. So kannst du dir schon im Vorfeld einen Überblick verschaffen, welches Gericht für dich und dein Baby eventuell in Frage kommt. Hier eine kleine Auswahl an Speisen, die dein Baby im Restaurant gerne probieren darf:

- Rohkost (Avocado, Gurke, Tomate)
- gedünstetes Gemüse
- durchgegarter Fisch (ungesalzen)
- durchgegartes Fleisch (ungesalzen)
- Brot
- Couscous und Bulgur (ungesalzen)
- gekochte oder im Ofen gebackene Kartoffeln (ungesalzen)
- Nudeln aller Art (ohne Salz gekocht)
- Reis (ungesalzen)
- weiche Obststücke vom Dessert

FAQ AUS DER COMMUNITY

»KANN ICH BREIFREI UND BABYBREI MISCHEN?«

Wir verstehen Breifrei als Ernährungskonzept, bei dem das Füttern von klassischem Babybrei ausgeschlossen ist. Es geht darum, dass das Kind selbstständig entscheidet, was, wann und wie viel es essen möchte. Dabei sind breiige Konsistenzen nicht ausgeschlossen, wenn sie selbstständig gegessen werden können. Wir raten davon ab, zu mischen. Der Kau- und Schluckprozess unterscheidet sich bei flüssiger und fester Kost. Das Kind könnte überfordert sein, zwei unterschiedliche Essvorgänge gleichzeitig zu erlernen. Zusätzlich könnte es passieren, dass die Person, die füttert, das Kind dazu animieren möchte, größere Mengen zu essen und das Hunger- und Sättigungsgefühl des Kindes übergangen wird.

»MIT WAS SOLL MEIN BABY ANFANGEN?«

Für uns hat es sich am einfachsten für Eltern und Kind erwiesen, wenn Babys mit gegartem Gemüse und Obst in Stickform in die Beikost starten. Das können z. B. Kürbis, Zucchini, Kartoffeln oder Birnen sein. Du merkst relativ schnell, ob dein Baby damit gut umgehen kann. Dann kannst du auch Familiengerichte wie Nudeln mit Sauce, Brot mit Aufstrich sowie weitere Backwaren wie Pancakes und Waffeln anbieten. Das kannst du ganz individuell im Rahmen der babygeeigneten Lebensmittel entscheiden.

»ICH HABE GROSSE ANGST, DASS MEIN BABY SICH VERSCHLUCKT. WAS KANN ICH TUN?«

Die Angst vor dem Ersticken haben viele Eltern. Würgen und Verschlucken gehört zum Essenlernen dazu und ist eine Kompetenz des Babys, sich selbst vor dem Ersticken zu schützen. Es hilft, sich als Eltern gut zu informieren, sich bewusst zu sein, welche Lebensmittel nicht für den Beikoststart geeignet sind und wie im Notfall reagiert werden kann. Weiter ist die Gefahr minimiert, wenn die Aspekte für eine sichere Essumgebung (s. S. 13) beachtet werden und der Beikoststart nicht verfrüht stattfindet.

»IST DAS RISIKO, DASS MEIN BABY SICH BEI BREIFREI VERSCHLUCKT NICHT VIEL HÖHER ALS BEI BABYBREI?«

Die breifreie Beikosteinführung birgt kein größeres Risiko als die Ernährung mit Brei. Babys sind kompetent und können, wenn sie selbst essen, ihren eigenen Würgereflex (s. S. 12) besser kennenlernen, als wenn dieser mit dem Löffel übergangen wird. Ganz egal, ob breifrei oder Babybrei, die Beikostreifezeichen (s. S. 9) müssen erfüllt sein. Das Baby muss aufrecht sitzen und es darf ihm nicht in den Mund gegriffen werden.

»BEKOMMT MEIN BABY GENUG NÄHRSTOFFE, WENN ICH NICHT BREI NACH PLAN ANBIETE?«

Ein gesund entwickeltes Kind erleidet in den seltensten Fällen einen ernährungsbedingten Nährstoffmangel, sofern es aus einer regenbogenbunten, abwechslungsreichen und ausgewogenen Familienkost wählen darf. Sehr wichtig ist auch, dass die Mutter in der Schwangerschaft und den ersten Stillmonaten optimal versorgt ist. Bedenke, dass Brei kein Monopol auf Nährstoffe hat, sondern diese in jeder Form der Nahrung vorliegen und durch den Speichel beim Kauen besser aufgenommen werden können.

»Unsere Community auf Instagram, Facebook oder unserem Blog gibt uns täglich neuen Input, was für euch als Eltern wichtig ist. Wir haben gesammelt, welche Fragen euch auf der Seele brennen und hoffen, die wichtigsten Antworten geben zu können.«

»MIT WELCHEN ARGUMENTEN KANN ICH DIE VORTEILE VON BREIFREI ERKLÄREN?«

Babys lernen Neues durch Experimentieren und Forschen. Ein sicherer und kompetenter Umgang mit Essen wird so auf natürliche Weise geübt und das Baby lernt sein Hunger- und Sättigungsgefühl kennen. Das Selberessen stärkt das Selbstvertrauen des Babys und fördert seine Feinmotorik im Bereich Greifen, Augen-Hand-Koordination sowie Gesichtsmuskulatur. Diese fördert z. B. auch die sprachliche Entwicklung. Zudem bringt der gemeinsame Familientisch der ganzen Familie Vorteile, da alle zusammen essen und sich bewusst gesünder ernähren.

»WIE VIEL SOLLTEN BABYS ESSEN UND WIE OFT KANN ICH ETWAS ANBIETEN?«

Es gibt keine festgelegte Menge, die ein Baby essen soll, kann oder muss. Jedes Baby isst individuell und nach seinem Bedarf. Wichtig ist, dass du deinem Baby den Zugang zu gesunder und abwechslungsreicher Familienkost bietest. Du kannst immer dann etwas anbieten, wenn du selbst isst und dem Baby einige Zwischenmahlzeiten zugänglich machst. Babys essen deutlich häufiger als Erwachsene. Bedenke, dass weiterhin auch Muttermilch und Pre-Nahrung nach Bedarf angeboten werden und ebenfalls für Sättigung sorgen.

»AB WANN DARF MEIN BABY IM HOCHSTUHL SITZEN?«

Du darfst dein Baby in den Hochstuhl setzen, wenn es sich selbst in die sitzende Position bringen kann. Vorher sollte es für die Mahlzeiten auf deinem Schoß sitzen. Denn dann kannst du die Veränderungen der Haltung ausgleichen. Sitzt dein Babys selbstständig aufrecht, kann es auf die eigenen Bewegungen mit Veränderungen des Gleichgewichts reagieren, um sich zu stabilisieren und den Rumpf aufrecht zu halten. Ein Auspolstern mit Kissen im Hochstuhl empfehlen wir nicht. Wichtig sind eine Fußstütze oder ein Fußbrett, damit dein Baby »Bodenkontakt« hat und der Rumpf aufgerichtet bleibt. Auch ist das Abhusten im Fall des Verschluckens so erleichtert.

»MEIN BABY KOMMT BALD IN DIE KITA, ISST ABER NOCH FAST NICHTS. WIE SOLL DAS FUNKTIONIEREN?«

Die Erfahrung und der Austausch mit anderen Mamas hat uns gezeigt, dass dies keine Probleme mit sich bringt. Die Kinder verhalten sich in der Kita ganz anders als zu Hause. Sie werden durch ihre kleinen Freundinnen und Freunde angeregt, Neues zu probieren und essen dort oft viel größere Portionen als daheim. Babys, die noch viel gestillt werden, holen sich diese Mahlzeit meist nach der Betreuungszeit ab. Du merkst schon während der Eingewöhnung, wie dein Kind sich umstellt.

»BREIFREI IST SO EINE SAUEREI, WAS SIND EURE TIPPS?«

Im Sommer und in warmen Monaten kannst du dein Baby nackig oder nur in Windeln essen lassen. Ein nasser, weicher und wiederverwendbarer Lappen zum Ende der Mahlzeit entfernt schnell den groben Schmutz. In Hochphasen hilft aber nur Abduschen. Wir verwenden einen alten Duschvorhang oder eine Schreibtischmatte als Unterlage unter dem Hochstuhl.

FRÜHSTÜCK

FRENCH-TOAST-ROLLS

AB BEIKOSTREIFE

FÜR 4 STÜCK
15 MIN. ZUBEREITUNG

4 Scheiben Toastbrot (1,5 cm dick, s. S. 143)
4 TL Tahin (Sesampaste)
1 Ei (M)
1 EL Milch (ersatzweise ungesüßter Haferdrink)
2 TL gehackte TK-Petersilie
½ Avocado
4 Kirschtomaten
1 EL Butter

1 Vom Toastbrot die Ränder abschneiden und die Scheiben mit einem Nudelholz leicht flach rollen. Die Brote dann mit jeweils 1 TL Tahin bestreichen. Ei und Milch in einem tiefen Teller mit einer Gabel verquirlen, die Petersilie unterrühren.

2 Das Fruchtfleisch der Avocado mit einem Löffel aus der Schale heben und mit der Gabel fein zerdrücken. Die Tomaten waschen, halbieren und sehr fein würfeln. Die Würfel unter die Avocadocreme heben. Die Creme auf die Brotscheiben streichen und diese von der Längsseite her vorsichtig aufrollen.

3 Die Butter in einer Pfanne erhitzen. Inzwischen die Brotrollen in der Eiermilch wenden, kurz abtropfen lassen und in der heißen Butter bei mittlerer Hitze von jeder Seite in ca. 2 Min. hellbraun braten. Auf Küchenpapier entfetten und abkühlen lassen, dann schräg halbieren und servieren.

FÜR DIE GROSSEN: Nimm ein Viertel der Avocadocreme für die Baby-Roll ab und würze die restliche Creme mit Salz, Pfeffer und ½ TL Zitronensaft. Wenn die Creme noch pikanter sein darf, presst du noch 1 geschälte Knoblauchzehe dazu.

PRAXIS-TIPP: Für süße Rolls die Creme statt mit Avocado mit 4 TL zuckerfreiem Fruchtaufstrich oder Mandelmus zubereiten. In die Eiermilch dann statt Petersilie ½ TL Ceylon-Zimtpulver rühren. Du kannst auch gekauftes Toastbrot verwenden. Bedenke aber, dass es Zucker und Salz enthält.

MEAL-PREP-TIPP: Die French-Toast-Rolls schmecken am besten frisch. Reste können im Kühlschrank ca. 1 Tag aufbewahrt und kalt angeboten werden.

HIRSE-OATMEAL-SCHNITTEN

AB BEIKOSTREIFE

FÜR 20 STÜCK • 10 MIN. ZUBEREITUNG • 30 MIN. BACKEN

150 g Hirseflocken • 30 g Sesam • 15 g Kakaopulver • 300 ml Haferdrink (glutenfrei; ersatzweise Milch) • 1 Ei (M) • 1 große Banane • 2 EL Erdnussmus • Auflaufform (20 × 25 cm) • Öl für die Form

1 Den Backofen auf 180° vorheizen, die Auflaufform mit Öl einfetten. Hirseflocken, Sesam, Kakaopulver, Haferdrink und Ei in einer Schüssel sorgfältig verrühren. Die Masse gleichmäßig in der Form verteilen.

2 Die Banane schälen und in dünne Scheiben schneiden. Die Scheiben auf dem Oatmeal verteilen. Das Erdnussmus glatt rühren und in Streifen darüberträufeln. Das Oatmeal im Ofen (Mitte) 25–30 Min. backen. Herausnehmen und vollständig auskühlen lassen.

3 Das Hirse-Oatmeal in Rechtecke (3 × 8 cm) schneiden und aus der Form heben. Die Schnitten können bis zu 2 Tagen im Kühlschrank aufbewahrt oder tiefgekühlt werden.

NÄHRSTOFF-TIPP: In diesem gebackenen Hirse-Oatmeal verstecken sich allerlei Mikronährstoffe. So liefern Hirseflocken neben Eisen auch reichlich Magnesium. Erdnussmus versorgt mit pflanzlichem Eiweiß sowie mit Kupfer und Folsäure. Variiere die Flocken und verwende auch mal Mandel- oder Kürbiskernmus, um die Nährstoffversorgung zu erhöhen.

OVERNIGHT OATS MIT KOKOS

AB BEIKOSTREIFE

FÜR 1 GLAS (3 BABYPORTIONEN) • 10 MIN. ZUBEREITUNG • 12 STD. RUHEN

70 g Hirseflocken • 20 g Kokosraspel • 150 g Joghurtalternative auf Kokosbasis • 125 g Himbeeren (ersatzweise Erdbeeren) • 1 Banane (ersatzweise Kiwi) • 1 Schraubglas (300 ml Inhalt)

1 Hirseflocken, Kokosraspel und Joghurt in einer Schüssel verrühren und ca. 10 Min. quellen lassen. Die Mischung danach in das Schraubglas füllen, verschließen und ca. 12 Std. (maximal 3 Tage) kühlen.

2 Die Oats ca. 30 Min. vor dem Servieren aus dem Kühlschrank nehmen. Ein Drittel der Himbeeren behutsam waschen, trocken tupfen und für Beikostanfänger halbieren oder zerdrücken. Die Banane zu einem Drittel schälen und in Scheiben schneiden.

3 Eine Portion Oats in einen kleinen Teller geben, Beeren und Bananenscheiben dazulegen. Übrige Oats, Beeren und Banane zu anderen Mahlzeiten servieren. Die Overnight Oats sind so dickflüssig, dass sie gut mit den Händen gegessen werden können.

PRAXIS-TIPP: Babys können Overnight Oats sehr gut mit den Händen essen oder später selbst löffeln. Am besten stellst du den Teller auf eine Silikonmatte oder verwendest einen Teller mit Saugnapf. So kann das Baby gezielt greifen, ohne dass das Geschirr verrutscht.

CROISSANTS
MIT MÖHREN UND KÄSE

AB BEIKOSTREIFE

FÜR 12 STÜCK
30 MIN. ZUBEREITUNG
25 MIN. BACKEN

1 Möhre
50 g Bergkäse
2 TL getrocknete italienische Kräuter
170 g kalte Butter
175 g Frischkäse
200 g Vollkorn-Dinkelmehl

Außerdem:
Mehl zum Arbeiten

1 Die Möhre schälen und fein reiben. Den Käse ebenfalls fein reiben. Möhren, Käse und 1 TL Kräuter mischen.

2 Die Butter 1 cm groß würfeln. Butterwürfel, Frischkäse, Mehl und restliche Kräuter (1 TL) in eine Rührschüssel geben. Alles mit den Rührbesen des Handrührgeräts oder in der Küchenmaschine sehr zügig zu einem glatten Teig verrühren.

3 Den Backofen auf 180° vorheizen, ein Backblech mit Backpapier belegen. Den Teig auf der gut bemehlten Arbeitsfläche mit einem bemehlten Nudelholz in zügigen Bewegungen und ohne viel Druck zu einem Rechteck in Blechgröße ausrollen. Dabei den Teig immer wieder mit etwas Mehl bestäuben.

4 Das Rechteck mit einem Pizzaschneider längs halbieren. Dann jede Hälfte in 6 Dreiecke schneiden, dabei die Teigplatte nicht verschieben. Die Möhren-Käse-Mischung gleichmäßig auf dem Teig verteilen. Die Dreiecke dann mit bemehlten Händen von der breiten Seite her aufrollen. Die Croissants auf das Backblech legen und im Ofen (Mitte) ca. 25 Min. backen. Herausnehmen und auskühlen lassen. Die Croissants können bis zu 2 Tage im Kühlschrank aufbewahrt oder tiefgekühlt werden.

FÜR DIE GROSSEN: Nachdem du 6 Croissants aufgerollt hast, kannst du die Möhren auf der restlichen Teighälfte mit mehr Bergkäse bestreuen und mit Salz, Pfeffer oder etwas Chilipulver würzen. Damit schmecken die Croissants pikanter.

PRAXIS-TIPP: Der Croissant-Teig ist universell verwendbar und kann mit allerlei Resten und Füllungen variiert werden. Köstlich schmeckt auch eine süße Variante mit selbst gemachtem Fruchtaufstrich oder Nussmus.

ZUCCHINI-BEEREN-MUFFINS

AB PINZETTENGRIFF

FÜR 12 STÜCK • 15 MIN. ZUBEREITUNG • 25 MIN. BACKEN • 30 MIN. RUHEN

1 Zucchino (250 g) • 4 weiche Datteln (entsteint) • 4 EL Leinsamen • 220 g Vollkorn-Weizenmehl • 50 g Hirseflocken • 1 TL Natron • 1 TL Weinstein-Backpulver • 120 ml Rapsöl • 4 EL Apfelessig • 125 g Heidelbeeren • 12er-Muffinform (Stahlblech oder Silikon) • 12 Muffin-Papierförmchen

1 Den Zucchino putzen, waschen und fein reiben. Die Datteln sehr fein würfeln. Die Leinsamen in einem Hochleitungsmixer fein mahlen. Mit Mehl, Hirseflocken, Natron und Backpulver in einer Rührschüssel mischen. Zucchino und Datteln unterrühren.

2 Öl, Essig und 50 ml Wasser mischen. Zur Mehlmischung gießen und alles mit den Rührbesen des Handrührgeräts verrühren. Den Teig ca. 30 Min. ruhen lassen.

3 Den Backofen auf 180° vorheizen, die Papierförmchen in die Mulden der Muffinform setzen. (Alternativ die Silikon-Muffinform kalt ausspülen). Die Heidelbeeren verlesen, waschen und unter den Teig heben. Den Teig in die Förmchen füllen und im Ofen (Mitte) ca. 25 Min. backen. Die Muffins aus dem Ofen nehmen und auf einem Kuchengitter auskühlen lassen. Dann aus der Form lösen und nach Belieben für den Vorrat tiefkühlen.

PRAXIS-TIPP: Für herzhafte Muffins tauschst du Datteln und Beeren gegen 100 g geriebenen Mozzarella. Den Teig dann noch mit 1 TL getrockneten Kräutern der Provence würzen.

MINI-PANCAKE-MÜSLI

AB PINZETTENGRIFF

FÜR 2 ERWACHSENE UND 1 BABY • 15 MIN. ZUBEREITUNG • 9 MIN. BACKEN

1 Ei (M) • 130 g Buttermilch • 150 g Vollkorn-Dinkelmehl • 1 TL Weinstein-Backpulver • ½ TL Natron • 1 Msp. gemahlene Bourbon-Vanille • 125 g Himbeeren • 125 g Heidelbeeren • 250 g Joghurtalternative auf Kokosbasis (ersatzweise griech. Joghurt) • 5 TL braunes Mandelmus • 40 g Schokotröpfchen (für die Großen) • Spritzbeutel mit mittlerer Lochtülle

1 Den Backofen auf 175° vorheizen, zwei Backbleche mit Backpapier belegen. Ei und Buttermilch in einer Schüssel mit einem Schneebesen verquirlen. Mehl, Backpulver, Natron und Vanille mischen. Zur Buttermilchmischung geben und alles zügig zu einem glatten Teig verrühren.

2 Den Spritzbeutel in ein hohes Glas stellen, die Ränder des Beutels nach außen umschlagen und den Teig einfüllen. Ca. 130 Teigtropfen (2–2,5 cm ∅) mit etwas Abstand auf die Bleche spritzen. Die Tropfen im Ofen 8–9 Min. backen, dabei nach ca. 5 Min. die Bleche eventuell tauschen. Herausnehmen und auf einem Kuchengitter auskühlen lassen.

3 Inzwischen Himbeeren und Heidelbeeren verlesen, waschen und abtropfen lassen. Joghurt glatt rühren. Für das Baby 3 EL Joghurt, wenige Mini-Pancakes und ein Viertel der Beeren in einer Schüssel anrichten. Mit 1 TL Mandelmus beträufeln und zum Selberlöffeln anbieten. Für die Großen übrigen Joghurt, restliche Mini-Pancakes, Beeren und Mandelmus in zwei Schalen anrichten. Mit den Schokotröpfchen bestreuen und servieren.

BUNTE BROTREITER

AB PINZETTENGRIFF

1 Für die Erdbeerreiter das Brot mit Mandelmus bestreichen. Die Erdbeeren waschen, putzen und in 5 mm dicke Scheiben schneiden. Die Erdbeerscheiben leicht versetzt auf das Brot legen und das Brot in 2 cm breite Streifen schneiden.

2 Für die Bananenreiter das Brot mit Erdnussmus bestreichen. Die Banane schälen und in 5 mm dicke Scheiben schneiden. Die Bananenscheiben leicht versetzt auf das Brot legen und mit Sesam bestreuen. Das Brot in 2 cm breite Streifen schneiden.

3 Für die Avocadoreiter das Brot mit Kürbiskernmus bestreichen. Das Avocadofruchtfleisch in der Schale in 5 mm dicke Scheiben schneiden. Die Scheiben mit einem Löffel herauslösen und leicht versetzt auf das Brot legen. Mit Sesam bestreuen und das Brot in 2 cm breite Streifen schneiden.

FÜR JE 1 SCHEIBE BROT
10 MIN. ZUBEREITUNG

Für die Erdbeerreiter:
1 Scheibe Vollkornbrot
2 TL Mandelmus
3 Erdbeeren

Für die Bananenreiter:
1 Scheibe Vollkornbrot
2 TL Erdnussmus
½ Banane
½ TL schwarzer Sesam

Für die Avocadoreiter:
1 Scheibe Vollkornbrot
1 TL Kürbiskernmus
½ Avocado
½ TL heller Sesam

PFIRSICH-FRUCHTAUFSTRICH

AB BEIKOSTREIFE

FÜR 2 GLÄSER (20 PORTIONEN) • 20 MIN. ZUBEREITUNG

550 g Pfirsiche • ½ TL gemahlene Bourbon-Vanille • 1 TL Agar-Agar • 2 Schraubgläser (à 250 ml)

1 Die Pfirsiche waschen, halbieren, entsteinen und in 1 cm große Würfel schneiden. Die Pfirsichwürfel mit 100 ml Wasser und Vanille in einem Topf aufkochen und bei kleiner Hitze ca. 5 Min. köcheln lassen. Dann die Masse im Topf fein pürieren.

2 Das Agar-Agar mit einem Schneebesen in das Püree rühren und alles unter Rühren ca. 5 Min. bei kleiner Hitze köcheln. Den Fruchtaufstrich heiß in die sterilisierten Gläser füllen, verschließen und abkühlen lassen. Der Aufstrich wird erst beim Abkühlen fest.

3 Den Fruchtaufstrich im Kühlschrank aufbewahren. Verschlossen hält er sich 2 Wochen, geöffnete Gläser innerhalb von 3–4 Tagen aufbrauchen. Der Fruchtaufstrich kann auch in kleinen Portionen tiefgekühlt werden.

PRAXIS-TIPP: Der Fruchtaufstrich ohne Zucker gelingt auch mit anderen Obstsorten. Einfach mal mit Birnen, Aprikosen, Mirabellen, Pflaumen oder Beeren ausprobieren.

LINSEN-PILZ-AUFSTRICH

AB BEIKOSTREIFE

FÜR 1 GLAS (12 PORTIONEN) • 18 MIN. ZUBEREITUNG

1 kleine rote Zwiebel • 200 g braune Champignons (ersatzweise weiße Champignons) • 1 EL Olivenöl • 150 g braune Linsen (Glas oder Dose) • 1 TL Apfelessig • 1 EL Zitronensaft • 1 TL getrockneter Majoran • 1 TL getrockneter Thymian • ½ TL getrocknetes Bohnenkraut • 1 Schraubglas (300 ml)

1 Die Zwiebel schälen und fein würfeln. Die Champignons putzen, bei Bedarf mit einem Tuch abreiben und grob würfeln. Das Öl in einem kleinen Topf erhitzen und die Zwiebel darin bei kleiner Hitze ca. 4 Min. andünsten. Die Pilze zugeben und ca. 7 Min. mitdünsten.

2 Inzwischen die Linsen in ein Sieb abgießen, kalt abspülen und abtropfen lassen. Dann unter die Pilzmischung rühren. Mit Essig und Zitronensaft ablöschen, Majoran, Thymian und Bohnenkraut zugeben.

3 Die Masse sofort in einen hohen Rührbecher füllen und mit einem Pürierstab fein mixen. Noch heiß in das sterilisierte Glas füllen und verschließen. Der Aufstrich hält sich im Kühlschrank ca. 3 Tage.

NÄHRSTOFF-TIPP: Um den Nährstoffgehalt des Aufstrichs zu erhöhen, kann 1 EL Nussmus mitpüriert werden. Die Linsen liefern wertvolles pflanzliches Protein. Ist dir der Aufstrich zu fest, rühre ein hochwertiges Öl ein, z. B. mit DHA und EPA angereichertes Leinöl. Das sorgt für Omega-3-Fettsäuren und für mehr Cremigkeit.

ZWEIERLEI SÜSS-KARTOFFELTOAST

AB PINZETTENGRIFF

1 Den Backofen auf 200° vorheizen, ein Backblech mit Backpapier belegen. Die Süßkartoffel schälen und längs in 8 Scheiben (ca. 1 cm dick) schneiden. Die Scheiben auf dem Backblech verteilen und im Ofen (Mitte) 15–17 Min. backen, bis sie gar, aber nicht zu weich sind. Herausnehmen, mit dem Papier auf ein Kuchengitter ziehen und abkühlen lassen.

2 Inzwischen die Banane schälen und eine Hälfte in 8 Scheiben schneiden. Die Heidelbeeren verlesen, waschen und trocken tupfen. 4 Süßkartoffelscheiben mit je 1 TL Tahin bestreichen und mit Bananenscheiben und Beeren belegen.

3 Die restlichen 4 Süßkartoffelscheiben mit je 1 EL Ziegenfrischkäse und 1 TL Erdbeeraufstrich bestreichen. Für das Baby von jeder Toastsorte ca. 3 cm breite Streifen abschneiden, die übrigen Toasts für die Großen im Ganzen servieren.

FÜR 8 STÜCK
15 MIN. ZUBEREITUNG
17 MIN. BACKEN
10 MIN. KÜHLEN

1 mittelgroße Süßkartoffel (400 g, möglichst oval geformt)
½ Banane
60 g Heidelbeeren
4 TL Tahin (Sesampaste)
4 EL Ziegenfrischkäse
4 TL zuckerfreier Erdbeer-Fruchtaufstrich

PRAXIS-TIPP: Abwechslung gewünscht? Bestreiche 4 Süßkartoffelscheiben mit 6 TL Mandelmus und belege sie mit 70 g Himbeeren. Auf die übrigen 4 Scheiben streichst du 8 TL Frischkäse und verteilst darauf das zerdrückte Fruchtfleisch von ½ Avocado und 2 gewürfelte Kirschtomaten.

MEAL-PREP-TIPP: Die gebackenen Süßkartoffelscheiben bleiben im Kühlschrank ca. 3 Tage frisch. Vor dem Belegen wieder kurz auftoasten.

KALTE GERICHTE

NUDELSALAT
MIT OFENGEMÜSE

AB BEIKOSTREIFE

1 Den Backofen auf 200° vorheizen, ein Backblech mit Backpapier belegen. Die Nudeln nach Packungsanweisung in kochendem Wasser bissfest garen. In ein Sieb abgießen und dabei 60 ml Kochwasser auffangen.

2 Inzwischen Möhren und Kohlrabi schälen und mit einem Wellenschnittmesser in Stifte (7 cm lang, 1,5 cm dick) schneiden. Die Stifte in einer Schüssel mit 1 EL Öl und Rosmarin mischen. Auf dem Blech verteilen und im Ofen (Mitte) ca. 20 Min. backen.

3 Währenddessen die Zucchini putzen, waschen und ebenfalls in Stifte schneiden. Tomaten waschen und vierteln. Zucchini, Tomaten, übriges Öl (1 EL) und Thymian mischen. Mit auf das Blech geben und das gesamte Gemüse in ca. 10 Min. fertig backen.

4 Die Avocado halbieren und entsteinen. Das Fruchtfleisch aus der Schale lösen und mit einer Gabel in einer Schüssel zerdrücken. Langsam mit 30–60 ml Kochwasser und Mayo glatt rühren.

5 Nudeln, Ofengemüse und Avocadodressing in einer großen Schüssel mischen. Für das Baby eine Portion abnehmen, den übrigen Salat für die Großen kräftig mit Salz, Pfeffer und Chiliflocken abschmecken und ca. 15 Min. durchziehen lassen.

FÜR 2 ERWACHSENE UND 1 BABY
25 MIN. ZUBEREITUNG
30 MIN. BACKEN

250 g Spiralnudeln
2 Möhren
1 Kohlrabi
2 EL Olivenöl
2 TL getrockneter Rosmarin
1 kleiner grüner Zucchino
1 kleiner gelber Zucchino
125 g Datteltomaten
2 TL getrockneter Thymian
1 Avocado
2 EL vegane Mayo (ersatzweise Joghurt)
Salz, schwarzer Pfeffer (für die Großen)
½ TL Chiliflocken (für die Großen)

FÜR DIE GROSSEN: Streue zusätzlich noch 100 g zerbröselten Schafskäse (Feta) und 3 EL geröstete Pinienkerne auf den Salat.

PRAXIS-TIPP: Für wählerische Esser können die verschiedenen Bestandteile des Salats nebeneinander auf dem Teller angerichtet werden.

NÄHRSTOFF-TIPP: Wenn du Vollkornpasta wählst und das Dressing mit 2 EL Kürbiskernmus statt mit Mayo verrührst, erhöhst du den Gehalt an Eisen, Protein, Zink, Kalzium und Magnesium.

PIZZASTANGEN

MIT FENCHEL UND KÄSE

AB BEIKOSTREIFE

FÜR 24 STÜCK
40 MIN. ZUBEREITUNG
15 MIN. KÜHLEN
40 MIN. BACKEN

100 g Möhren
150 g Knollensellerie
10 g glatte Petersilie
50 g kalte Butter
200 g Frischkäse
300 g Dinkelmehl (Type 630)
1 TL Weinstein-Backpulver
2 TL getrockneter Oregano
1 Ei (M)
½ kleine gelbe Paprika
150 g passierte Tomaten (aus der Dose)
1 Knoblauchzehe
50 g Emmentaler

Außerdem:
Mehl zum Arbeiten

1 Möhren und Knollensellerie schälen und fein reiben. Die Hälfte davon beiseitestellen. Petersilie waschen, trocken schütteln und hacken.

2 Die Butter 1 cm groß würfeln. Mit Frischkäse, Mehl, Backpulver, Oregano, Ei, Petersilie, Möhren- und Sellerieraspeln in eine Rührschüssel geben. Mit den Rührbesen des Handrührgeräts zu einem glatten Teig verrühren. Diesen halbieren und in zwei luftdicht schließenden Dose ca. 15 Min. kühlen.

3 Die Paprika waschen, entkernen und grob schneiden. Im Blitzhacker fein zerkleinern oder sehr fein würfeln. Paprika, Tomaten und übrige Sellerieraspel mischen. Knoblauch schälen und dazupressen. Die Sauce in zwei Portionen teilen. Den Käse reiben.

4 Den Backofen auf 185° vorheizen, zwei Backbleche mit Backpapier belegen. Eine Teigportion auf der gut bemehlten Arbeitsfläche flach drücken und mehrmals wenden, bis der Teig rundum bemehlt ist. Dann mit dem Nudelholz zügig zu einem Rechteck (20 × 30 cm) ausrollen. Die untere Teighälfte mit einer Saucenportion bestreichen und mit 25 g Käse bestreuen. Die obere Hälfte darüberklappen und leicht andrücken.

5 Ein scharfes Messer anfeuchten und den Teig in 2,5 cm breite Streifen schneiden. Jeden Streifen in sich verdrehen, auf das Backblech legen und im Ofen (Mitte) in 18–20 Min. hellbraun backen. Herausnehmen und abkühlen lassen.

6 Inzwischen die zweite Teigportion ebenso ausrollen, füllen und formen. Dabei die Arbeitsfläche gut bemehlen und von Saucenresten säubern. Die Stangen auf das zweite Blech legen und ebenso backen. Sie halten sich im Kühlschrank ca. 3 Tage.

NÄHRSTOFF-TIPP: Füllung und Teig sind tolle Verstecke für Gemüse und Nährstoffe. Für eine Extraportion Nährstoffe 2 EL Kürbiskerne fein mahlen und mit in den Teig kneten.

MEAL-PREP-TIPP: Die Stangen schmecken auch kalt als Abendessen oder Snack. Sie lassen sich problemlos tiefkühlen. Kurz auf dem Toaster geröstet, schmecken sie wie frisch gebacken.

POLENTASTICKS
MIT PETERSILIENWURZEL

AB BEIKOSTREIFE

1 In einem hohen Topf 450 ml Wasser mit dem Lorbeerblatt aufkochen. Währenddessen Petersilienwurzel und Möhren schälen, in grobe Stücke schneiden und im Blitzhacker sehr fein zerkleinern oder das Gemüse fein reiben.

2 Die Gemüsebrühe ins kochende Wasser geben und die Polenta unter Rühren einrieseln lassen. Unter Rühren aufkochen, dann den Herd ausschalten und einige Minuten weiterrühren. Die Polenta vom Herd nehmen, Gemüseraspel und Tahin einrühren und zugedeckt ca. 10 Min. quellen lassen. Die Polenta in eine Schüssel umfüllen, das Lorbeerblatt entfernen und die Masse in ca. 15 Min. handwarm abkühlen lassen.

3 Inzwischen den Backofen auf 185° vorheizen, ein Backblech mit Backpapier belegen. Für das Baby je 1 gehäuften EL Polentamasse mit angefeuchteten Händen zu 3 Sticks (7 cm lang, 2 cm ∅) formen. Die restliche Polenta für die Großen kräftig mit Salz und Pfeffer würzen und ebenso zu Sticks formen.

4 Die Sticks auf das Blech legen und im Ofen (Mitte) 15–20 Min. backen. Herausnehmen und auskühlen lassen. In einer Box halten sich die Sticks im Kühlschrank ca. 3 Tage.

FÜR 22 STÜCK
25 MIN. ZUBEREITUNG
15 MIN. KÜHLEN
20 MIN. BACKEN

1 Lorbeerblatt
100 g Petersilienwurzel (ersatzweise Sellerie)
60 g Möhren
1 TL salzfreie Gemüsebrühe (Instant)
150 g Polenta (Maisgrieß, schnellkochend)
2 TL Tahin (Sesampaste)
Salz, schwarzer Pfeffer (für die Großen)

PRAXIS-TIPP: Aus der Polentamasse kannst du auch Plätzchen formen. Dafür je 1 EL zu einer Kugel rollen und auf dem Blech leicht flach drücken.

NÄHRSTOFF-TIPP: Zu den Sticks schmeckt ein Paprika-Cashew-Dip. Dafür 100 g rote Paprika, 50 g Cashewkerne, 1 EL Olivenöl, ½ TL getrockneter Thymian und nach Belieben 1 EL Wasser sehr fein pürieren. Für die Großen einen Teil mit Salz, Pfeffer und Chiliflocken würzen.

MEAL-PREP-TIPP: Die Sticks können tiefgekühlt werden. Dann über Nacht im Kühlschrank auftauen lassen und kalt servieren oder in einer Pfanne in wenig Öl bei mittlerer Hitze ca. 5 Min. braten.

BLUMEN-FOCACCIA

AB BEIKOSTREIFE

1 Beide Mehlsorten in einer Schüssel mischen, in die Mitte eine Mulde drücken. Die Hefe in 50 ml lauwarmem Wasser auflösen. Das Hefewasser in die Mulde gießen und mit etwas Mehl vom Rand bestreuen. Zugedeckt ca. 15 Min. gehen lassen.

2 Danach 3 EL Öl und 235 ml lauwarmes Wasser zum Vorteig geben und alles in ca. 10 Min. zu einem glatten, feuchten Teig verkneten. Den Teig halbieren und in zwei Schüsseln zugedeckt an einem warmen Ort ca. 1 Std. gehen lassen.

3 Zwei Backbleche mit Backpapier belegen. Eine Teigportion auf der gut bemehlten Arbeitsfläche etwas flach drücken und mehrmals wenden, bis der Teig rundum bemehlt ist. Dann mit dem Nudelholz zu einem Kreis (25 cm ∅) ausrollen. Den Kreis auf ein Blech legen und mit dem Zeigefinger mehrmals eindrücken. Mit der zweiten Teigportion wiederholen. Die Kreise mit einem Küchentuch abdecken und ca. 30 Min. gehen lassen.

4 Inzwischen den Backofen auf 200° vorheizen. Paprika waschen, die Enden abschneiden, Trennwände und Kerne entfernen. Die Schoten in 5 mm breite Ringe schneiden. Tomaten waschen und in 5 mm breite Scheiben schneiden.

5 Jede Focaccia mit 1 EL Öl bestreichen und mit 4 Gemüseblumen belegen. Dafür je 1 Tomatenscheibe mit 5 Paprikaringen umlegen, leicht andrücken. Rosmarin waschen, trocken schütteln und je 1 Zweig als Stiel dazulegen. Für die Großen 1 Focaccia mit 1 TL Salz bestreuen. Die Brote im Ofen (Mitte) je 17–20 Min. backen. Herausnehmen und abkühlen lassen. Für das Baby vom ungesalzenen Brot 3 cm breite Streifen abschneiden.

FÜR 2 BROTE
15 MIN. ZUBEREITUNG
1 STD. 45 MIN. RUHEN
40 MIN. BACKEN

250 g Dinkelmehl (Type 630)
250 g Vollkorn-Dinkelmehl
21 g frische Hefe
5 EL Olivenöl
1 rote Spitzpaprika
1 gelbe Spitzpaprika
2 rote Kirschtomaten
2 gelbe Kirschtomaten
8 Zweige Rosmarin (ersatzweise Salbei)
grobes Meersalz (für die Großen)

Außerdem:
Mehl zum Arbeiten

PRAXIS-TIPP: Rote Zwiebelringe, Olivenscheiben, Möhren- oder Pastinakenscheiben – fast alle Gemüse, Früchte und frischen Kräutern eignen sich für ein buntes Blumenwiesenbrot. Einfach drauflegen, was Saison hat und Spaß macht.

KNABBERBRÖTCHEN

AB PINZETTENGRIFF

1 Mehl und Trockenhefe in einer Schüssel mischen. 80 ml lauwarmes Wasser zugeben und ca. 5 Min. beiseitestellen.

2 Inzwischen die Möhre schälen und grob reiben. Die Birnen waschen, vierteln, entkernen und grob reiben. Möhre, Birnen, tiefgekühlte Erbsen und Öl zur Mehlmischung in die Schüssel geben. Alles mit den Knethaken des Handrührgeräts zu einem glatten Hefeteig verkneten. Den Teig abgedeckt an einem warmen Ort ca. 1 Std. gehen lassen.

3 Den Backofen auf 180° vorheizen, ein Backblech mit Backpapier belegen. Den Teig halbieren, dann jede Hälfte vierteln, sodass 8 Teiglinge entstehen. Diese mit angefeuchteten Händen zu Brötchen rollen und im Ofen (Mitte) ca. 25 Min. backen.

4 Die Brötchen herausnehmen und vollständig auskühlen lassen. Sie können bis zu 6 Monaten tiefgekühlt werden.

FÜR 8 STÜCK
10 MIN. ZUBEREITUNG
1 STD. RUHEN
25 MIN. BACKEN

200 g Dinkelmehl (Type 630)
1 Pck. Trockenhefe
1 Möhre
100 g Birnen
50 g TK-Erbsen
30 ml Olivenöl

PRAXIS-TIPP: Die meisten Kinder mögen trockene Backwaren wie Brot, Brezeln oder diese Knabberbrötchen. Sie enthalten gleich drei Portionen Obst und Gemüse und sind somit bunt aufgestellt. Statt Birne kannst du auch Apfel verwenden und statt Möhre schmecken Kürbis, Süßkartoffel oder Pastinake. Im Grund passt jedes sehr fein gewürfelte oder geriebene Gemüse. Halte dabei immer eine Gesamtmenge von 250 g Gemüse ein, dann gelingen die Brötchen problemlos.

KÜRBIS-BOHNEN-AUFSTRICH

AB BEIKOSTREIFE

FÜR 2 GLÄSER (12 PORTIONEN) • 15 MIN. ZUBEREITUNG • 30 MIN. BACKEN

300 g Hokkaido-Kürbisfruchtfleisch • 6 EL Olivenöl • 1 TL edelsüßes Paprikapulver • ½ TL gemahlener Kreuzkümmel • 125 g Kidneybohnen (Glas oder Dose) • Salz • schwarzer Pfeffer (für die Großen) • 2 Schraubgläser (150 ml und 300 ml)

1 Den Backofen auf 200° vorheizen, ein Backblech mit Backpapier belegen. Das Kürbisfruchtfleisch waschen und in 1,5 cm große Würfel schneiden. Die Würfel in einer Schüssel mit 2 EL Öl, Paprikapulver und Kreuzkümmel mischen. Auf dem Backblech verteilen und im Ofen (Mitte) ca. 30 Min. backen.

2 Die Kidneybohnen in ein Sieb abgießen, kalt abspülen und abtropfen lassen. Mit dem gegarten Kürbis in einen hohen Rührbecher füllen und mit dem Pürierstab fein mixen. Ist der Aufstrich zu dick, esslöffelweise das übrige Öl (4 EL) oder 2–4 EL Wasser untermixen, bis die gewünschte Cremigkeit erreicht ist.

3 Eine Babyportion in das kleine Glas füllen und verschließen. Den restlichen Aufstrich für die Großen kräftig mit Salz und Pfeffer abschmecken, in das große Glas füllen und verschließen. Der Aufstrich kann bis zu 1 Woche im Kühlschrank aufbewahrt oder bis zu 3 Monate tiefgekühlt werden.

PRAXIS-TIPP: Probiere den Aufstrich auch mal als Füllung für aufgerollte Crêpes. Mit 200 g Sahne verrührt wird er zu einer schnellen Pastasauce.

PAPRIKA-WALNUSS-AUFSTRICH

AB BEIKOSTREIFE

FÜR 2 GLÄSER (12 PORTIONEN) • 15 MIN. ZUBEREITUNG • 25 MIN. BACKEN

1 rote Paprika • 1 kleine Aubergine • 4 EL Olivenöl • ½ TL edelsüßes Paprikapulver • ½ TL gemahlener Kreuzkümmel • 50 g Walnusskerne • Salz • schwarzer Pfeffer (für die Großen) • 2 Schraubgläser (150 ml und 300 ml)

1 Den Backofen auf 200° vorheizen, ein Backblech mit Backpapier belegen. Paprika waschen, halbieren, weiße Trennwände und Kerne entfernen. Die Hälften in 1 cm große Würfel schneiden. Aubergine waschen, putzen und ebenfalls 1 cm groß würfeln. Gemüsewürfel, 2 EL Öl, Paprikapulver und Kreuzkümmel in einer Schüssel mischen. Auf dem Backblech verteilen und im Ofen (Mitte) ca. 25 Min. backen, bis das Gemüse Farbe annimmt.

2 Gemüse und Nüsse in einen hohen Rührbecher füllen und mit dem Pürierstab fein mixen. Ist der Aufstrich zu dick, das übrige Öl (2 EL) oder 2 EL Wasser untermixen, bis die gewünschte Cremigkeit erreicht ist.

3 Eine Babyportion in das kleine Schraubglas füllen. Den restlichen Aufstrich für die Großen kräftig mit Salz und Pfeffer abschmecken, in das große Glas füllen und verschließen. Der Aufstrich hält sich im Kühlschrank ca. 4 Tage.

NÄHRSTOFF-TIPP: Der Aufstrich kann auch mit anderen Nüssen und Saaten zubereitet werden, um die Nährstoffzufuhr zu verändern. Um die Omega-3-Versorgung zu verbessern noch 2 TL mit DHA und EPA angereichertes Leinöl unterrühren.

KARTOFFELSALAT
AUS DEM BACKOFEN

AB BEIKOSTREIFE

1 Den Backofen auf 200° vorheizen, ein Backblech mit Backpapier belegen. Die Kartoffeln waschen und die Schale mit einer Gemüsebürste abbürsten. Die Kartoffeln dann mit einem Wellenschnittmesser längs je nach Größe vierteln oder achteln. In einer Schüssel mit 2 EL Öl mischen und auf dem Backblech verteilen. Im Ofen (Mitte) in 20–25 Min. goldbraun backen.

2 Inzwischen die Tomaten waschen und vierteln. Den Mozzarella abgießen, die Kugeln halbieren und leicht zerdrücken.

3 Das Basilikum waschen, trocken schütteln und die Blätter abzupfen. Die Hälfte der Wal- und Cashewnüsse mit dem restlichen Öl (60 ml) und 40 ml Wasser in einen hohen Rührbecher geben. Mit dem Pürierstab fein mixen. Dann die übrigen Nüsse zufügen und erneut mixen. Zuletzt die Basilikumblätter zugeben und alles zu einem feinen Pesto pürieren.

4 Kartoffeln, Tomaten, Mozzarella und Pesto in einer großen Schüssel vermischen. Für das Baby eine Portion abnehmen, den restlichen Kartoffelsalat für die Großen kräftig mit Salz, Pfeffer und Chiliflocken abschmecken. Lauwarm servieren.

FÜR 2 ERWACHSENE UND 1 BABY
35 MIN. ZUBEREITUNG
25 MIN. BACKEN

1 kg mittelgroße festkochende Bio-Kartoffeln
80 ml Olivenöl
250 g Kirschtomaten
150 g Mini-Mozzarellakugeln
1 Bund Basilikum
50 g Walnusskerne
50 g Cashewkerne
Salz, schwarzer Pfeffer (für die Großen)
½ TL Chiliflocken (für die Großen)

PRAXIS-TIPP: Dein Baby ist wählerisch beim Essen? Dann richte die verschiedenen Zutaten des Salats einfach nebeneinander auf seinem Teller an.

GEFÜLLTE GURKEN
MIT FRISCHKÄSE

AB PINZETTENGRIFF

1 Die Gurke schälen und die Enden abschneiden. Die Gurke dann in 20 Scheiben (1,5 cm dick) schneiden. Aus der Mitte der Scheiben mit einem Apfelausstecher Kreise (2 cm ∅) ausstechen und dabei auch die Kerne mit entfernen.

2 Den Dill waschen, trocken schütteln und fein hacken. Die Tomaten waschen, halbieren und den Stielansatz entfernen. Die Hälften in kleine Würfel schneiden. Frischkäse, Zitronensaft und Tahin glatt verrühren. Dill und Tomatenwürfel untermischen.

3 Die Gurkenringe auf zwei großen Tellern auslegen. Für das Baby 2–3 Ringe mit je 1 TL Frischkäsecreme füllen. Die restliche Creme für die Großen kräftig mit Salz und Pfeffer abschmecken und in die restlichen Gurkenringe füllen.

FÜR 20 STÜCK
20 MIN. ZUBEREITUNG

1 Salatgurke (500 g)
½ Bund Dill
50 g Tomaten
70 g Frischkäse
1 TL Zitronensaft
1 TL Tahin (Sesampaste)
Salz, schwarzer Pfeffer (für die Großen)

PRAXIS-TIPP: Ungeübten Essern bietest du die gefüllten Gurkenringe am besten halbiert an. Und für wählerische Esser legst du die Gurkenstücke neben die Frischkäsecreme auf den Teller.

ZUCCHINI-KÄSE-BROT

AB BEIKOSTREIFE

FÜR 12 STÜCK
20 MIN. ZUBEREITUNG
30 MIN. BACKEN
20 MIN. KÜHLEN

400 g Zucchini
80 g Bergkäse
2 Eier (M)
180 g Mehl

1 Den Backofen auf 180° vorheizen, ein Backblech mit Backpapier belegen. Die Zucchini putzen, waschen und grob reiben. Den Käse fein reiben. Zucchini und Käse in einer Schüssel mischen. Die Eier zugeben und mit einem Schneebesen sehr gut unterrühren. Zuletzt das Mehl zufügen und alles mit dem Schneebesen nochmals gut vermischen.

2 Die Zucchinimasse auf das Backblech geben und mit einer Palette oder mit angefeuchteten Händen in Blechgröße verstreichen. Dabei darauf achten, dass die Masse überall gleich dick ist. Im Ofen (Mitte) 25–30 Min. backen, bis die Ecken leicht gebräunt sind. Herausnehmen und ca. 20 Min. abkühlen lassen.

3 Das Brot danach auf ein Schneidebrett stürzen und das Papier vorsichtig abziehen. Das Brot in 12 sandwichgroße Stücke schneiden und diese auf einem Kuchengitter vollständig auskühlen lassen. Für Beikostanfänger das Brot in Sticks anbieten.

NÄHRSTOFF-TIPP: Das Brot kannst du ganz leicht nährstoffreicher gestalten. Dafür 50 g Mehl gegen gemahlene Nüsse und Saaten austauschen. Besonders Cashewkerne und Kürbiskerne passen prima zu Zucchini. Weiterhin kannst du die Hälfte des Mehls durch Vollkornmehl ersetzen.

LACHS-MUFFINS
MIT AVOCADO UND MAIS

AB BEIKOSTREIFE

1 Den Backofen auf 160° vorheizen, die Papierförmchen in 8 Mulden der Muffinform setzen. (Alternativ die Silikon-Muffinform kalt ausspülen). Den Mais in ein Sieb abgießen, gut abspülen und abtropfen lassen. Den Käse reiben. Den Mais in einem Hochleistungsmixer fein pürieren und in eine Schüssel füllen. Käse, Mehl, 1 Ei und Gemüsebrühe unterrühren.

2 Das Fruchtfleisch der Avocado mit einem Löffel aus der Schale heben, klein würfeln und mit Zitronensaft beträufeln. Den Lachs kalt abspülen, trocken tupfen und eventuell verbliebene Gräten entfernen. Das Filet in 1–2 cm große Stücke schneiden und pürieren. Das Lachspüree mit dem übrigen Ei, Dill und edelsüßem Paprikapulver in einer Schüssel verrühren.

3 Maispüree, Avocadowürfel und Lachsmasse für das Baby mit einem Esslöffel gleichmäßig übereinander in 2 Förmchen schichten. Zwischendurch leicht andrücken. Danach für die Großen das übrige Maispüree kräftig mit Salz und Pfeffer, die restliche Lachsmasse mit Salz, Pfeffer und scharfem Paprikapulver würzen. Mit den übrigen Avocadowürfeln in 6 weitere Förmchen schichten.

4 Die Muffins im Ofen (Mitte) ca. 35 Min. backen. Herausnehmen und mindestens 1 Std. auskühlen lassen, damit sie Stabilität bekommen. Für Beikostanfänger geviertelt anbieten.

FÜR 8 STÜCK
30 MIN. ZUBEREITUNG
35 MIN. BACKEN
1 STD. KÜHLEN

230 g Mais (Glas oder Dose)
100 g Emmentaler
2 EL Vollkorn-Dinkelmehl
2 Eier (M)
2 TL salzfreie Gemüsebrühe (Instant)
½ Avocado
1 TL Zitronensaft
200 g Lachsfilet
1 EL gehackter TK-Dill
½ TL edelsüßes Paprikapulver
Salz, schwarzer Pfeffer (für die Großen)
¼ TL rosenscharfes Paprikapulver (für die Großen)

Außerdem:
8er-Muffinform (Stahlbech oder Silikon)
8 Muffin-Papierförmchen

FÜR DIE GROSSEN: Dazu passt ein grüner Salat mit leichtem Joghurtdressing.

PRAXIS-TIPP: Mais ist nur aufgrund seiner Form nicht für den Beikoststart geeignet, da sich dein Baby daran verschlucken könnte. Ist er aber wie hier püriert, kann er dem Baby angeboten werden.

NÄHRSTOFF-TIPP: Die Muffins sind reich an Omega-3- und Omega-6-Fettsäuren. Als Beilage können z. B. Ofenkartoffeln angeboten werden, die zeitgleich mit den Muffins im Ofen garen.

WARME GERICHTE

MINI-PIZZEN MIT
SÜSSKARTOFFEL UND FEIGE

AB PINZETTENGRIFF

FÜR 8 STÜCK
40 MIN. ZUBEREITUNG
1 STD. 10 MIN. RUHEN
36 MIN. BACKEN

Für Teig und Belag:
500 g Vollkorn-Weizenmehl
7 g Trockenhefe
1 EL Olivenöl
1 Dose stückige Tomaten (400 g)
1 TL getrockneter Oregano
Salz, schwarzer Pfeffer (für die Großen)
1 Knoblauchzehe (für die Großen)
200 g Süßkartoffeln
70 g rote Zwiebeln
8 Feigen
200 g Ziegenfrischkäserolle

Für die Garnitur:
½ Bund Rucola
6 TL flüssiger Honig
6 TL Pinienkerne

Außerdem:
Mehl zum Arbeiten

1 Für den Teig Mehl und Hefe in einer Schüssel mischen. Öl und 330 ml Wasser zugeben und alles ca. 3 Min. grob verkneten. Den Teig zugedeckt ca. 10 Min. ruhen lassen. Dann erneut ca. 10 Min. kneten und abgedeckt ca. 1 Std. gehen lassen.

2 Inzwischen für den Belag Tomaten und Oregano in einer Schüssel verrühren. Für das Baby 4 EL abnehmen, die restliche Sauce für die Großen kräftig mit Salz und Pfeffer würzen. Den Knoblauch schälen und dazupressen.

3 Süßkartoffeln schälen und in 3 mm dicke Scheiben hobeln. Zwiebeln schälen und in dünne Halbringe schneiden. Feigen waschen und vierteln. Käse in 1 cm dicke Scheiben schneiden.

4 Den Backofen mit zwei Backblechen auf 180° (Umluft) vorheizen. Den Teig in 8 Portionen teilen und diese auf der gut bemehlten Arbeitsfläche zu Kreisen (17 cm ∅) ausrollen. Die Kreise auf drei Bögen Backpapier verteilen. Für das Baby 2 Kreise mit der ungewürzten Sauce bestreichen, die restlichen Kreise mit der gewürzten Sauce bestreichen. Zuletzt alle Pizzen mit Süßkartoffeln, Zwiebeln, Feigen und Käse belegen.

5 Zwei Bögen mit Pizzen auf die Backbleche ziehen und im Ofen (oben und unten) 15–18 Min. backen. Herausnehmen und abkühlen lassen. Die restlichen Pizzen ebenso backen.

6 Die 2 Babypizzen in 3 cm breite Streifen schneiden und gut abkühlen lassen. Für die Garnitur den Rucola waschen und trocken schütteln. Die restlichen Pizzen mit je 1 TL Honig beträufeln, mit Rucola und je 1 TL Pinienkernen bestreuen und servieren.

PRAXIS-TIPP: Pizza ist schon ab Beikostreife für dein Baby geeignet. Belege die Pizza dann nur mit Tomatensauce, Süßkartoffeln und Feigen.

MILCHREIS
MIT MANGOMARK

AB PINZETTENGRIFF

1 Den Reis in einem Sieb unter kaltem Wasser gut abspülen und abtropfen lassen. Reis, Haferdrink und Vanille in einen Topf geben. Aufkochen, dann zugedeckt bei kleiner Hitze ca. 25 Min. quellen lassen. Dabei gelegentlich umrühren.

2 Inzwischen die Mango schälen, das Fruchtfleisch flach vom Kern schneiden und grob würfeln. Die Würfel in einen hohen Rührbecher geben und mit dem Pürierstab fein mixen. Das Fruchtfleisch der Avocado mit einem Löffel aus der Schale lösen und in kleine Würfel schneiden.

3 Für das Baby 4 EL Milchreis und 1 EL Mangopüree auf einen Teller geben. Mit 1 TL Avocadowürfeln und 1 TL Cashewmus toppen. Für die Großen je 8 EL Milchreis, 2 EL Mangopüree, die restlichen Avocadowürfel und je 2 TL Cashewmus auf zwei Tellern anrichten. Den Milchreis für das Baby gut abkühlen lassen und zum Selberlöffeln oder zum Essen mit den Händen anbieten.

**FÜR 2 ERWACHSENE
UND 1 BABY
35 MIN. ZUBEREITUNG**

150 g Milchreis
500 ml Haferdrink (glutenfrei)
1 Msp. gemahlene Bourbon-Vanille
1 Mango (ersatzweise 380 g Mango-Apfel-Obstgläschen)
½ Avocado
5 TL Cashewmus

FÜR DIE GROSSEN: Statt Cashewmus kannst du auch 2 EL in der Pfanne geröstete Cashewkerne auf den Milchreis streuen.

PRAXIS-TIPP: Wenn der Milchreis abkühlt, klebt er besser zusammen und lässt sich so auch gut mit den Händen essen.

MEAL-PREP-TIPP: Der Milchreis schmeckt auch zum Frühstück. Er kann schon am Vorabend zubereitet und mit dem Fruchtpüree in Schraubgläser geschichtet werden. Für das Baby 2 EL Milchreis, 1 EL Mangopüree, 2 EL Milchreis einschichten und mit je 1 TL Avocadowürfeln und Cashewmus toppen. Für die Großen 5 EL Milchreis, 2 EL Mangopüree, 3 EL Milchreis und je 2 TL Avocadowürfel und Cashewmus ins Glas schichten.

DINKELBRATLINGE
MIT KÜRBISSAUCE

AB PINZETTENGRIFF

**FÜR 2 ERWACHSENE
UND 1 BABY
45 MIN. ZUBEREITUNG**

125 g Zart-Dinkel (Dinkel wie Reis)
350 g Butternuss-Kürbis
200 ml salzfreie Gemüsebrühe
1 kleine Stange Lauch
6 EL Öl
1 Zucchino
½ TL Senf
1 Ei (M)
2 EL Speisestärke
Salz, schwarzer Pfeffer (für die Großen)
Chilipulver (für die Großen)
100 g Sahne
1 TL getrockneter Thymian

1 Den Dinkel nach Packungsanweisung in Wasser garen. Den Kürbis waschen, längs halbieren, entkernen und 1 cm groß würfeln. Kürbiswürfel und Gemüsebrühe in einem Topf zugedeckt aufkochen. Dann bei kleiner Hitze ca. 20 Min. köcheln lassen.

2 Inzwischen den Lauch putzen, sorgfältig waschen und in sehr kleine Stücke schneiden. In einer großen Pfanne 1 EL Öl erhitzen und den Lauch darin ca. 6 Min. bei mittlerer bis großer Hitze anbraten. Den Lauch in einen hohen Rührbecher füllen.

3 Den Zucchino putzen, waschen und in Stifte (4 cm lang, 1 cm dick) schneiden. Wieder 1 EL Öl in der Pfanne erhitzen und die Zucchinistifte darin ca. 8 Min. bei mittlerer Hitze rundum anbraten. Auf einem Teller beiseitestellen.

4 Den Dinkel abgießen und zum Lauch geben. Alles mit einem Pürierstab fein mixen. Senf, Ei und Speisestärke gut untermixen. Aus der Masse für das Baby 3 Stangen (7 cm lang, 2 cm ∅) formen. Die restliche Masse für die Großen mit Salz, Pfeffer und Chilipulver würzen und zu 4 runden Bratlinge formen. Das übrige Öl (4 EL) in der Pfanne erhitzen. Stangen und Bratlinge darin bei mittlerer bis großer Hitze pro Seite ca. 5 Min. braten.

5 Währenddessen den Kürbis vorsichtig in der Brühe pürieren. Die Sahne einrühren und die Sauce mit Thymian würzen. Die Zucchinistifte unterheben. Die Baby-Stangen mit etwas Sauce auf einem Teller anrichten. Die übrige Sauce für die Großen mit Salz, Pfeffer und Chilipulver abschmecken und servieren.

MEAL-PREP-TIPP: Die Bratlinge lassen sich prima tiefkühlen und schnell auf dem Toaster aufwärmen. Sie können auch in einer Box mitgenommen und unterwegs kalt gegessen werden.

PASTA MIT WIRSINGPESTO

AB BEIKOSTREIFE

FÜR 2 ERWACHSENE
UND 1 BABY
25 MIN. ZUBEREITUNG

180 g grüne Wirsingblätter (äußere Blätter)
300 g große Spiralnudeln (ersatzweise Penne)
100 g Walnusskerne
1 Knoblauchzehe
4 EL Olivenöl
30 g Parmesan
Salz, schwarzer Pfeffer (für die Großen)

1 Die Blätter vom Wirsingkopf ablösen und waschen. Die Blätter flach in eine Schüssel legen, mit 1 l kochendem Wasser übergießen und ca. 5 Min. ziehen lassen. Dabei ein- bis zweimal wenden, sodass alle Blattteile unter Wasser liegen.

2 Inzwischen die Nudeln nach Packungsanweisung in kochendem Wasser bissfest garen. Die Walnüsse in einen hohen Rührbecher geben. Den Knoblauch schälen und zufügen.

3 Die Wirsingblätter mit einer Zange aus dem Wasser heben und tropfnass die dicken Mittelrippen herausschneiden. Die Blätter dann grob in ca. 3 cm große Stücke schneiden und ebenfalls in den Rührbecher geben. 2 EL Einweichwasser zufügen und alles mit dem Pürierstab fein mixen.

4 Das Pesto mit dem Öl glatt rühren. Ist es zu dickflüssig noch etwas Einweichwasser untermixen. Den Parmesan fein reiben und unterrühren. Für das Baby eine Portion abnehmen, das übrige Pesto für die Großen mit Salz und Pfeffer würzig abschmecken.

5 Die Nudeln in ein Sieb abgießen. Tropfnass mit dem Pesto mischen und servieren.

FÜR DIE GROSSEN: Wenn du einen ganzen Wirsingkopf gekauft hast, kannst du den Rest sehr gut mitverwenden. Dafür einfach die dicken Blattrippen entfernen und die restlichen Blätter in 5 mm breite Streifen schneiden. Diese in einer Pfanne in 2 EL Olivenöl ca. 5 Min. anbraten. Dann 10 gewürfelte getrocknete Tomaten unterrühren und das Wirsinggemüse mit dem Pesto unter die Nudeln mischen. So erhöhst du den Gemüseanteil deiner Portion.

QUESADILLAS
MIT BOHNENCREME UND HACK

AB PINZETTENGRIFF

FÜR 2 ERWACHSENE UND 1 BABY
30 MIN. ZUBEREITUNG

1 kleine Zwiebel
2 EL Olivenöl
250 g gemischtes Hackfleisch
2 EL Tomatenmark
1 TL getrockneter Thymian
240 g weiße Bohnen (Glas oder Dose)
150 g Schmand
4 Vollkorn-Tortillas (Fertigprodukt)
Salz, schwarzer Pfeffer (für die Großen)

1 Die Zwiebel schälen und sehr fein würfeln. Das Öl in einer großen Pfanne erhitzen, Zwiebel und Hackfleisch darin bei großer Hitze ca. 7 Min. anbraten. Dabei austretende Flüssigkeit mit Küchenpapier aufsaugen. Tomatenmark und Thymian unterrühren und die Hackmasse in eine Schüssel umfüllen. Die Pfanne mit Küchenpapier auswischen und beiseitestellen.

2 Die Bohnen in ein Sieb abgießen, kalt abspülen und abtropfen lassen. Bohnen und Schmand in einen hohen Rührbecher füllen und mit dem Pürierstab fein mixen.

3 Die Pfanne zurück auf den Herd stellen und bei mittlerer Hitze heiß werden lassen. Inzwischen 1 Tortilla mit 1 EL Bohnencreme bestreichen, ein Viertel der Hackmasse auf einer Hälfte verteilen und die andere Hälfte darüberklappen. Die Quesadilla in die Pfanne legen und pro Seite ca. 3 Min. backen. Die restlichen 3 Tortillas ebenso füllen, dabei für die Großen mit Salz und Pfeffer würzen und in der Pfanne ausbacken.

4 Die Quesadillas jeweils in 3–4 Dreiecke schneiden und gut auskühlen lassen. Die Quesadillas können tiefgekühlt und im Toaster aufgebacken werden.

PRAXIS-TIPP: Die Quesadillas sind perfekt, um Reste zu verwerten und Gemüse, Hülsenfrüchte & Co. spannend zu verpacken. Wer also ganze Bohnenkerne nicht mag, wird sie hier vielleicht als Dip lieben. Auch geraspeltes Gemüse und frische Kräuter können untergebracht werden.

HIRSEBRATLINGE
MIT KOHLRABI-BÉCHAMEL

AB BEIKOSTREIFE

FÜR 2 ERWACHSENE UND 1 BABY
40 MIN. ZUBEREITUNG

Für die Bratlinge:
100 g Hirse
1 große Möhre
3 EL Tomatenmark
Salz, schwarzer Pfeffer (für die Großen)
3 EL Olivenöl

Für die Béchamel:
1 Kohlrabi
30 g Butter (ersatzweise Margarine)
2 EL Mehl
100 g Sahne
1 Prise frisch geriebene Muskatnuss

1 Für die Bratlinge Hirse und 200 ml Wasser in einem Topf zugedeckt aufkochen. Dann bei sehr kleiner Hitze ca. 8 Min. garen. Währenddessen die Möhre schälen und fein reiben. Die Möhrenraspel dann auf der Hirse verteilen und noch ca. 4 Min. mitgaren. Alles in eine große Schüssel umfüllen.

2 Inzwischen für die Béchamel den Kohlrabi schälen und in 1 cm dicke Stifte schneiden. Die Stifte mit 300 ml Wasser in einem Topf zugedeckt 15–20 Min. garen. Danach die Kochflüssigkeit in einen Messbecher abgießen, die Stifte in eine Schüssel geben, zudecken und in der Resthitze weitergaren lassen.

3 Die Butter im Topf schmelzen, das Mehl zugeben und mit einem Schneebesen kräftig zu einer goldgelben Masse verrühren. Mit der Hälfte der Kochflüssigkeit ablöschen und bei mittlerer Hitze unter Rühren einkochen lassen. Die restliche Kochflüssigkeit zugießen und unter Rühren einkochen lassen. Die Sahne einrühren und die Sauce mit Muskatnuss würzen.

4 Für das Baby einige Kohlrabistifte unter die Sauce heben und bei sehr kleiner Hitze weitergaren, bis sie weich genug für das Baby sind. Die Kohlrabistifte für die Großen nicht weitergaren.

5 Das Tomatenmark zur Hirse geben und die Masse mit einem Löffel oder mit den Händen sehr gut vermischen. Für das Baby aus der Hirsemasse 3 Stangen (7 cm lang, 2 cm ∅) formen. Die restliche Masse für die Großen mit Salz und Pfeffer würzen und zu 4 runden Bratlingen formen. Das Öl in einer großen Pfanne erhitzen, Stangen und Bratlinge darin bei mittlerer Hitze pro Seite ca. 5 Min. braten. Mit der Kohlrabi-Béchamel servieren.

GEMÜSESTANGEN
MIT PAPRIKASALSA

AB BEIKOSTREIFE

1 Für die Gemüsestangen den Kürbis waschen und grob raspeln. Die Zucchini putzen, waschen und ebenfalls grob raspeln. Beides in einem Sieb beiseitestellen.

2 Für die Salsa die Paprika waschen, vierteln und weiße Trennwände und Kerne entfernen. Die Viertel in 7 mm breite Streifen schneiden. Die Pastinaken schälen und in kleine Würfel schneiden. Die Pflaumen fein würfeln, den Knoblauch schälen.

3 Das Öl in einem Topf erhitzen. Die Pastinaken hineingeben, den Knoblauch dazupressen und bei mittlerer Hitze ca. 2 Min. anschwitzen. Die Paprika zufügen und ca. 2 Min. mit anschwitzen. Pflaumen, Tomaten und Oregano einrühren und zugedeckt bei kleiner bis mittlerer Hitze ca. 20 Min. köcheln lassen. Dann offen noch ca. 10 Min. weiterköcheln lassen, dabei gelegentlich umrühren. Eine Babyportion entnehmen, die restliche Salsa für die Großen kräftig mit Salz und Pfeffer würzen.

4 Inzwischen die Gemüseraspel mit den Händen kräftig ausdrücken. In einer Schüssel mit Eiern, Hüttenkäse, Haferflocken, Semmelbröseln, Currypulver und Thymian verkneten. Von der Masse mit angefeuchteten Händen golfballgroße Stücke abnehmen und in den Handinnenflächen zu Stangen (7 cm lang) formen. Das Öl in einer großen Pfanne erhitzen und die Stangen darin bei mittlerer Hitze rundum ca. 10 Min. anbraten. Mit der Salsa servieren.

FÜR 2 ERWACHSENE
UND 1 BABY
1 STD. ZUBEREITUNG

Für die Gemüsestangen:
200 g Hokkaido-Kürbisfruchtfleisch
200 g Zucchini
2 Eier (M)
200 g Hüttenkäse
100 g feine Haferflocken
100 g Semmelbrösel
1 TL mildes Currypulver
½ TL getrockneter Thymian
2 EL Olivenöl

Für die Salsa:
1 rote Paprika
150 g Pastinake
4 Trockenpflaumen (entsteint)
1 Knoblauchzehe
2 EL Olivenöl
1 Dose stückige Tomaten (400 g)
1 TL getrockneter Oregano
Salz, schwarzer Pfeffer (für die Großen)

FÜR DIE GROSSEN: Wenn die Stangen für das Baby geformt sind, kannst du die restliche Gemüsemasse noch würzen. Neben Salz und Pfeffer sorgen auch frisch geriebene Muskatnuss, Ceylon-Zimtpulver und Chiliflocken für Geschmack.

NÄHRSTOFF-TIPP: Die Gemüsestangen lassen sich auch vegan zubereiten. Dafür auf die Eier verzichten und stattdessen 2 EL Chiasamen in 5 EL heißem Wasser ca. 10 Min. quellen lassen. Den Hüttenkäse ganz weglassen oder gegen veganen Schmandersatz tauschen.

GEFÜLLTE MUSCHELNUDELN

AB PINZETTENGRIFF

FÜR 2 ERWACHSENE UND 1 BABY
45 MIN. ZUBEREITUNG
10 MIN. BACKEN

Für die Nudeln:
1 kleine Zwiebel
1 Knoblauchzehe
200 g Hokkaido-Kürbisfruchtfleisch
1 EL Öl
400 g Rinderhackfleisch
1 TL mildes Currypulver
½ TL edelsüßes Paprikapulver
100 g Sahne
Salz, schwarzer Pfeffer (für die Großen)
170 g Conchiglioni (Muschelnudeln)
80 g Emmentaler

Für die Sauce:
1 Dose stückige Tomaten (400 g)
1 TL salzfreie Gemüsebrühe (Instant)
2 TL italienische TK-Kräuter
1 EL weißes Mandelmus

Außerdem:
Auflaufform (18 × 24 cm)

1 Für die Nudeln Zwiebel und Knoblauch schälen und fein würfeln. Kürbis waschen und grob reiben. Das Öl in einer Pfanne erhitzen, Zwiebel und Knoblauch darin bei mittlerer Hitze anschwitzen. Das Hackfleisch zugeben und bei mittlerer bis großer Hitze ca. 5 Min. anbraten. Kürbisraspel, Currypulver, Paprikapulver und Sahne unterrühren. Den Herd ausschalten und die Masse nachgaren lassen. Für das Baby 4 gehäufte EL abnehmen, die restliche Masse für die Großen kräftig mit Salz und Pfeffer würzen.

2 Die Conchiglioni in kochendem Wasser ca. 2 Min kürzer als nach Packungsanweisung bissfest garen. In ein Sieb abgießen, kalt abschrecken und abtropfen lassen.

3 Für die Sauce Tomaten und 100 ml Wasser in einem Topf aufkochen. Mit Gemüsebrühe und Kräutern würzen. Das Mandelmus unterrühren und die Sauce kurz aufkochen, bis sie andickt.

4 Den Backofen auf 200° vorheizen. Den Käse reiben. Die Hälfte der Sauce in der Auflaufform verteilen. Die Nudeln mit je 1 gehäuften EL Hackmasse füllen und nebeneinander in die Form setzen. Dabei die Nudeln für das Baby an einer Querseite platzieren. Die restliche Tomatensauce auf den Nudeln verteilen und den Käse darüberstreuen.

5 Die gefüllten Nudeln im Ofen (Mitte) ca. 10 Min. überbacken. Herausnehmen und gut abkühlen lassen, denn die Hitze wird von der Füllung gut gespeichert. Dann servieren.

NÄHRSTOFF-TIPP: Das Mandelmus dient als Saucenbinder und liefert zugleich eine Extraportion Kalzium, Magnesium und Kalium. Statt Mandelmus kannst du auch Cashewmus verwenden.

BROKKOLI-GNOCCHI
MIT GARNELENSAUCE

AB PINZETTENGRIFF

FÜR 2 ERWACHSENE UND 1 BABY
1 STD. 20 MIN. ZUBEREITUNG
2 STD. AUFTAUEN

Für die Garnelensauce:
225 g rohe geschälte TK-Riesengarnelen
½ Bund glatte Petersilie
2 EL Öl
1 Knoblauchzehe
200 g Sahne (ersatzweise Hafersahne)
300 ml salzfreie Gemüsebrühe
2 EL weißes Mandelmus
½ TL edelsüßes Paprikapulver
Chiliflocken (für die Großen)

Für die Gnocchi:
530 g mehligkochende Kartoffeln
130 g Brokkoli
170 g Vollkorn-Weizenmehl
60 g Dinkelgrieß
1 Msp. frisch geriebene Muskatnuss
½ TL rosenscharfes Paprikapulver (für die Großen)
Salz, schwarzer Pfeffer (für die Großen)

Außerdem:
Mehl zum Arbeiten

1 Für die Sauce die Garnelen nach Packungsangabe in ca. 2 Std. auftauen lassen. Kalt abbrausen und trocken tupfen.

2 Für die Gnocchi die Kartoffeln in wenig Wasser zugedeckt ca. 25 Min. garen. Inzwischen den Brokkoli waschen, putzen und in daumengroße Röschen schneiden. Den Strunk würfeln und beides mit etwas Wasser in einem Topf zugedeckt ca. 13 Min. garen. In ein Sieb abgießen und kalt abschrecken. Die Kartoffeln in ein Sieb abgießen, kalt abschrecken und sofort pellen.

3 Brokkoli und Kartoffeln zusammen mit dem Kartoffelstampfer fein zerdrücken oder durch die Kartoffelpresse drücken. Mit Mehl, Grieß und Muskatnuss zu einem glatten Teig verkneten. Ein Viertel davon für das Baby abnehmen. Den restlichen Teig für die Großen kräftig mit Paprikapulver, Salz und Pfeffer abschmecken. Beide Teige ca. 10 Min. ruhen lassen.

4 Danach den Teig auf der bemehlten Arbeitsfläche zu 6 Rollen (32 cm lang) formen und in 1,5 cm lange Stücke schneiden. Die Stücke mit einer Gabel leicht eindrücken. In einem großen Topf Wasser zum Sieden bringen. Die Gnocchi darin portionsweise ca. 3 Min. garen, bis sie an die Oberfläche steigen. Mit einem Schaumlöffel herausheben und in ein Sieb geben. Die Baby-Gnocchi separat garen.

5 Für die Sauce die Petersilie waschen, trocken schütteln und fein hacken. Das Öl in einer Pfanne erhitzen und die Garnelen darin bei großer Hitze ca. 4 Min. anbraten. Dabei austretende Flüssigkeit mit Küchenpapier aufsaugen. Den Knoblauch schälen, dazupressen und ca. 2 Min. mitbraten. Mit Sahne und Brühe ablöschen, das Mandelmus einrühren und aufkochen lassen. Die Sauce mit Paprikapulver und Petersilie abschmecken. Die Gnocchi unterheben, für die Großen mit Chiliflocken bestreuen.

FISCHFRIKADELLEN
MIT KARTOFFEL-WEDGES

AB BEIKOSTREIFE

FÜR 2 ERWACHSENE UND 1 BABY
45 MIN. ZUBEREITUNG
2 STD. AUFTAUEN

Für Frikadellen und Remoulade:
225 g TK-Kabeljaufilet (ersatzweise Lachsfilet)
1 kleine Zwiebel
¼ Bund Petersilie
2 TL Senf
1 kleiner Apfel
3 Essiggurken (aus dem Glas)
200 g Schmand
2 EL Mayonnaise
Salz, schwarzer Pfeffer (für die Großen)
2 EL Semmelbrösel
4 EL Olivenöl

Für die Wedges:
600 g festkochende Kartoffeln
2 EL Olivenöl
1 TL edelsüßes Paprikapulver
Salz, schwarzer Pfeffer (für die Großen)

1 Für die Frikadellen den Fisch nach Packungsangabe in ca. 2 Std. auftauen lassen. Kalt abbrausen und trocken tupfen.

2 Für die Wedges den Backofen auf 200° vorheizen, ein Backblech mit Backpapier belegen. Die Kartoffeln unter fließendem Wasser abbürsten, dann längs in 1,5 cm dicke Spalten schneiden. In einer Schüssel mit Öl und Paprikapulver mischen. Für das Baby einige Spalten aufs Blech legen. Die restlichen Spalten für die Großen mit Salz und Pfeffer würzen und ebenfalls auf dem Blech verteilen. Die Wedges im Ofen (Mitte) 25–30 Min. backen.

3 Inzwischen den Fisch in 2 cm große Stücke schneiden. Zwiebel schälen und grob würfeln. Petersilie waschen, trocken schütteln und grob hacken. Fisch, Zwiebel, Petersilie und 1 TL Senf in einem hohen Rührbecher mit dem Pürierstab zügig glatt mixen.

4 Für die Remoulade den Apfel waschen, vierteln, entkernen und grob reiben. Gurken abtropfen lassen und fein würfeln. Apfel, Gurken, Schmand, Mayonnaise und restlichen Senf (1 TL) verrühren. Für das Baby eine Portion abnehmen, die restliche Remoulade für die Großen mit Salz und Pfeffer würzen.

5 Die Semmelbrösel unter die Fischmasse rühren. Mit angefeuchteten Händen für das Baby 3 Stangen (7 cm lang, 2 cm ∅) formen. Die restliche Masse für die Großen mit Salz und Pfeffer würzen und zu 4 Frikadellen formen.

6 Das Öl in einer großen Pfanne erhitzen. Stangen und Frikadellen darin bei mittlerer bis großer Hitze pro Seite 4–6 Min. braten. Mit Kartoffelwedges und Remoulade servieren.

PRAXIS-TIPP: Fischfrikadellen und Kartoffel-Wedges können ab Beikoststart angeboten werden, die Remoulade zum Dippen erst mit etwas Übung. Die Frikadellen sind ein schönes Beispiel dafür, wie sich Fisch ab Beikoststart in die Ernährung einbauen lässt.

LINSENBRATLINGE
MIT BLUMENKOHL

AB BEIKOSTREIFE

1 Den Backofen auf 200° vorheizen, ein Backblech mit Backpapier belegen. Den Blumenkohl waschen, putzen und in 2 cm große Röschen teilen. 2 EL Öl, 1 TL Currypulver und Kräuter in einer Schüssel verrühren. Die Röschen untermischen, auf dem Blech verteilen und im Ofen (Mitte) 25–30 Min. backen.

2 Inzwischen die Linsen gut waschen, abtropfen lassen und mit 200 ml Wasser in einen Topf geben. Ca. 12 Min. garen, bis die Linsen nicht mehr feucht, jedoch noch nicht zerkocht sind. Die Zucchini putzen und waschen. Eine Hälfte grob, die andere Hälfte fein reiben. Die Sonnenblumenkerne in einem Hochleistungsmixer fein mahlen.

3 Linsen, Zucchini, gemahlene Sonnenblumenkerne und restliches Currypulver (1 TL) in einer Schüssel kurz verrühren. Die Speisestärke zügig untermischen.

4 Aus der Masse für das Baby 4 Stangen (7 cm lang, 2 cm ∅) formen. Die restliche Masse für die Großen mit Salz und Pfeffer würzen und zu 6 runden Bratlingen formen.

5 Das restliche Öl (4 EL) in einer großen Pfanne erhitzen. Stangen und Bratlinge darin bei mittlerer bis großer Hitze pro Seite ca. 5 Min. braten. Dann aus der Pfanne nehmen und auf einem Teller gut abkühlen lassen.

6 Mandelmus, Gemüsebrühe und Zitronensaft in einem kleinen Schraubglas zu einer Sauce verschütteln. Die Bratlinge mit dem Blumenkohl servieren und mit der Mandelsauce beträufeln.

FÜR 2 ERWACHSENE UND 1 BABY
50 MIN. ZUBEREITUNG

500 g Blumenkohl
6 EL Olivenöl
2 TL mildes Currypulver
1 TL getrocknete italienische Kräuter
120 g rote Linsen
200 g Zucchini
70 g Sonnenblumenkerne
2 EL Speisestärke
Salz, schwarzer Pfeffer (für die Großen)
50 g Mandelmus
30 ml salzfreie Gemüsebrühe
1 EL Zitronensaft

TEIGTASCHEN
MIT ZITRONEN-DIP

AB BEIKOSTREIFE

FÜR 18 STÜCK
40 MIN. ZUBEREITUNG
20 MIN. KÜHLEN
22 MIN. BACKEN

Für die Teigtaschen:
150 g Mehl
1 ½ EL Olivenöl
100 g Rinderhackfleisch
100 g rote Paprika
½ TL gemahlener Kreuzkümmel
¼ TL gemahlener Koriander
2 TL Tahin (Sesampaste)
½ EL Zitronensaft

Für den Dip:
150 g Joghurt (3,5 % Fett)
1 ½ EL Zitronensaft
½ Bund Koriandergrün
Salz (für die Großen)

Außerdem:
Auflaufform (34 × 26 cm)
Öl für die Form
Mehl zum Arbeiten

1 Für die Teigtaschen Mehl, ½ EL Öl und 70 ml heißes Wasser mit den Knethaken des Handrührgeräts in ca. 4 Min. zu einem glatten Teig verkneten. Den Teig halbieren und in zwei luftdicht schließenden Dosen ca. 20 Min. kühlen.

2 Das übrige Öl (1 EL) in einer Pfanne erhitzen und das Hackfleisch darin bei mittlerer bis großer Hitze ca. 5 Min. anbraten, dabei gelegentlich rühren. Inzwischen die Paprika waschen, putzen und in 2 cm große Stücke schneiden. Diese fein pürieren. Paprikapüree, Kreuzkümmel, Koriander, Tahin und Zitronensaft unter das Hackfleisch rühren und abkühlen lassen.

3 Den Backofen auf 200° vorheizen, den Boden der Form mit Öl einfetten. 1 Teigportion auf der leicht bemehlten Arbeitsfläche zügig zu einem Rechteck (35 × 25 cm) ausrollen. Mit einem Glas 9 Kreise (8 cm ∅) ausstechen. Diese dünn mit Mehl bestreuen und beiseitelegen. Mit dem restlichen Teig wiederholen.

4 Jeweils 1 Teigkreis in die Handinnenfläche legen und mittig 1 TL Hackmasse daraufgeben. Den Rand rundum mit dem Finger leicht mit Wasser befeuchten, den Kreis zusammenklappen und die Ränder gut festdrücken. Die Teigtaschen in die Form legen.

5 Die Teigtaschen im Ofen (Mitte) ca. 8 Min. backen, vorsichtig wenden und ca. 8 Min. weiterbacken. Dann 1 l heißes Wasser in die Form gießen und die Taschen in ca. 4 Min. gar ziehen lassen.

6 Inzwischen für den Dip Joghurt und Zitronensaft verrühren. Das Koriandergrün waschen, trocken schütteln, sehr fein hacken und unterrühren. Für das Baby eine Portion abnehmen, den restlichen Dip für die Großen salzen. Den Dip zu den Teigtaschen servieren. Die Teigtaschen für das Baby sehr gut abkühlen lassen.

PRAXIS-TIPP: Für vegane Teigtaschen statt Hackfleisch 100 g Naturtofu anbraten und den Dip mit Sojaghurt zubereiten.

GERMKNÖDEL
MIT SALBEIBUTTER

AB PINZETTENGRIFF

1 Für die Germknödel die Milch in einem kleinen Topf erwärmen und die Butter darin schmelzen. Milch, Mehl, Hefe und Ei in eine Rührschüssel geben. Alles mit den Knethaken des Handrührgeräts in ca. 4 Min. zu einem geschmeidigen Teig verkneten. Den Teig zugedeckt ca. 1 Std. an einem warmen Ort gehen lassen.

2 Inzwischen den Spinat in einem Sieb antauen lassen. Tomaten waschen, den Stielansatz entfernen und die Früchte 1 cm groß würfeln. Zwiebel schälen und sehr fein würfeln. Den Spinat gut ausdrücken. Das Öl in einem Topf erhitzen, Zwiebel, Spinat und Tomaten ca. 8 Min. darin anbraten. Mit Paprikapulver würzen.

3 Wasser in einem großen Topf aufkochen. Einen passenden Gareinsatz mit dem Öl ausstreichen und hineinsetzen.

4 Den Teig vierteln. Einen flachen Teller mit Mehl bestäuben und 1 Teigportion darauf zu einem Kreis (10 cm ∅) flach drücken. Den Kreis in die Handinnenfläche legen. Mittig ½–1 EL Spinatmasse daraufgeben, den Teig darüber zusammenfassen und zu einem Knödel formen. Mit den restlichen Teigportionen wiederholen. Die Knödel mit der Naht nach unten in den Gareinsatz legen und zugedeckt ca. 25 Min. dämpfen.

5 Ca. 5 Min. vor Ende der Garzeit für die Salbeibutter den Salbei waschen, trocken schütteln und grob hacken. Die Butter in einer kleinen Pfanne schmelzen und den Salbei darin bei schwacher bis mittlerer Hitze kurz bräunen.

6 Die Knödel mit der Salbeibutter beträufeln und mit eventuell verbliebener Füllung servieren. Für das Baby kleine Knödelstücke abschneiden, sehr gut abkühlen lassen und eventuell nur mit geschmolzener Butter (ohne Salbei) servieren.

FÜR 2 ERWACHSENE
UND 1 BABY
45 MIN. ZUBEREITUNG
1 STD. RUHEN

Für die Germknödel:
60 ml Milch
30 g Butter
190 g Mehl
10 g frische Hefe
1 Ei (M)
100 g TK-Blattspinat
250 g Tomaten (kernarm, z. B. Ochsenherz)
½ Zwiebel
2 EL Olivenöl
1 TL edelsüßes Paprikapulver

Für die Salbeibutter:
70 g Butter
3 Stängel Salbei

Außerdem:
1 EL Öl für den Gareinsatz
Mehl zum Arbeiten

GEMÜSEAUFLAUF
MIT SCHWEINEFILET

AB BEIKOSTREIFE

FÜR 2 ERWACHSENE UND 1 BABY
35 MIN. ZUBEREITUNG
25 MIN. BACKEN

500 g Blumenkohl
550 g Süßkartoffeln
1 kleine Zwiebel
2 EL Butter
2 EL Mehl
200 ml salzfreie Gemüsebrühe
200 g Sahne
1 TL mildes Currypulver
1 Msp. frisch geriebene Muskatnuss
500 g Schweinelende (schlankes Stück)
Salz, schwarzer Pfeffer (für die Großen)

Außerdem:
Auflaufform (18 × 25 cm)

1 In einem großen Topf Wasser aufkochen. Den Blumenkohl putzen, waschen und in 3 cm große Röschen teilen. Die Süßkartoffeln schälen und in Spalten schneiden. Blumenkohl und Süßkartoffeln im kochenden Wasser ca. 13 Min. vorgaren.

2 Inzwischen die Zwiebel schälen und fein würfeln. Die Butter in einem kleinen Topf schmelzen und die Zwiebel darin bei mittlerer Hitze in ca. 6 Min. glasig dünsten. Das Mehl darüberstäuben und klümpchenfrei verrühren. Mit Brühe und Sahne ablöschen, aufkochen und andicken lassen. Currypulver und Muskatnuss unterrühren und die Sauce vom Herd nehmen.

3 Den Backofen auf 200° vorheizen. Eventuell am Fleisch verbliebene Häutchen und Fettstränge entfernen. Das Fleisch in die Mitte der Auflaufform legen. Das Gemüse in ein Sieb abgießen und in der Form verteilen. Die Sauce darübergießen und den Auflauf im Ofen (Mitte) 20–25 Min. backen.

4 Für das Baby vom Fleisch eine ca. 1 cm dicke Scheibe abschneiden und in Streifen schneiden. Fleisch und Gemüse ausreichend abkühlen lassen. Für die Großen Fleisch und Gemüse kräftig mit Salz und Pfeffer nachwürzen.

MEAL-PREP-TIPP: Das Gemüse kann schon am Vorabend gegart werden, so entfällt dieser Schritt bei der Zubereitung. Der Auflauf schmeckt auch mit Brokkoli und Kartoffeln. Die Sauce dann statt mit Currypulver und Muskatnuss mit edelsüßem Paprikapulver und Rosmarin würzen.

SCHNELLES HÜHNERFRIKASSEE

AB PINZETTENGRIFF

FÜR 2 ERWACHSENE UND 1 BABY
30 MIN. ZUBEREITUNG

400 g Hähnchenbrustfilet
500 ml salzfreie Gemüsebrühe
1 Zwiebel
3 Möhren
250 g grüner Spargel
120 g Reis
20 g Butter
25 g Mehl
3 TL Sahnemeerrettich (aus dem Glas)
1 Prise frisch geriebene Muskatnuss

1 Hähnchenfilet und Gemüsebrühe in einen Topf geben. Die Zwiebel schälen, sehr fein würfeln und zugeben. Die Möhren schälen, in Stifte (6 cm lang, 8 mm dick) schneiden und ebenfalls zugeben. Alles langsam aufkochen und zugedeckt bei kleiner Hitze ca. 15 Min. garen. Inzwischen die holzigen Enden der Spargelstangen abschneiden und das untere Drittel schälen. Den Spargel waschen und in 6 cm lange Stücke schneiden. Ca. 5 Min. vor Ende der Garzeit zum Fleisch geben.

2 Den Reis waschen und nach Packungsanweisung garen. Das Fleisch aus der Brühe nehmen und in 1 cm breite Streifen schneiden. Dann 400 ml Brühe in einen Messbecher abgießen und die Fleischstreifen zurück in den Topf geben.

3 Die Butter in einem zweiten Topf bei mittlerer Hitze schmelzen. Das Mehl mit einem Schneebesen einrühren und goldgelb anrösten. Mit 100 ml Brühe ablöschen und unter Rühren andicken lassen. Langsam weitere 200 ml Brühe einrühren, bis die Sauce andickt. Dann die restliche Brühe (100 ml) zugeben, die Sauce aufkochen und bei kleiner Hitze ca. 5 Min. weitergaren. ½ TL Meerrettich unterrühren und mit Muskat würzen.

4 Die Sauce unter Fleisch und Gemüse im Topf mischen. Für das Baby eine Portion abnehmen, das restliche Frikassee für die Großen mit Salz, Pfeffer und übrigem Meerrettich (2 ½ TL) würzen. Mit dem Reis servieren.

PRAXIS-TIPP: Das Frikassee ist ab Beikoststart geeignet, da die Babys die Hähnchenstreifen sehr gut greifen, daran nuckeln und den Fleischsaft heraussaugen können. In den ersten Monaten der Beikost wird Fleisch vor allem so gegessen.

KARTOFFEL-ERDBEER-KNÖDEL

AB BEIKOSTREIFE

1 Die Kartoffeln in einem Topf in wenig Wasser zugedeckt ca. 25 Min. garen. In ein Sieb abgießen, kalt abschrecken und sofort pellen. Mit einem Kartoffelstampfer fein zerdrücken oder durch eine Kartoffelpresse drücken.

2 Inzwischen die Erdbeeren ca. 3 Min. in kaltem Wasser einweichen. Dann abwaschen, putzen und abtropfen lassen. Chiasamen in 3 EL heißem Wasser quellen lassen, 30 g Kokosöl schmelzen.

3 Kartoffeln, Chiasamen, geschmolzenes Kokosöl, Mehl, Grieß, Speisestärke und 20 g Kokosraspel mit den Knethaken des Handrührgeräts zu einem glatten Teig verkneten. Jeweils 1 gehäuften EL Teig zu einer Kugel formen und in der Handinnenfläche leicht flach drücken. Mittig 1 Erdbeere darauflegen, den Teig darüber zusammenfassen und zu einem Knödel formen.

4 Wasser in einem großen Topf zum Sieden bringen. Die Knödel darin in 2 Portionen in jeweils ca. 10 Min. gar ziehen lassen. Mit einer Schaumkelle herausheben, abtropfen lassen und auf zwei große Teller legen.

5 Inzwischen das übrige Kokosöl (15 g) in einer kleinen Pfanne erhitzen. Restliche Kokosraspel (60 g), Brösel und Vanille darin ca. 4 Min. anrösten. Für das Baby 1 EL abnehmen, dann für die Großen den Zucker zugeben und unter Rühren in ca. 2 Min. leicht karamellisieren lassen. Die Knödel in der Bröselmischung wälzen. Die Knödel für das Baby halbieren oder vierteln.

FÜR 18 STÜCK
55 MIN. ZUBEREITUNG
20 MIN. GAREN

550 g mehligkochende Kartoffeln
18 Erdbeeren (250 g)
1 EL Chiasamen
45 g Kokosöl
120 g Dinkelmehl (Type 1 050)
30 g Dinkelgrieß
10 g Speisestärke
80 g Kokosraspel
40 g Vollkornbrösel
¼ TL gemahlene Bourbon-Vanille
1 EL Rohrohrzucker (für die Großen)

Außerdem:
Mehl zum Arbeiten

PRAXIS-TIPP: Die Knödel lassen sich auch mit Kirschen, Aprikosen oder halbierten Zwetschgen füllen. Je nach Größe der verwendeten Früchte variiert dann die Anzahl der Knödel.

NÄHRSTOFF-TIPP: Die Füllung kannst du mit Nussmus nährstoffreicher gestalten. Dafür etwas Nussmus in die geputzten Erdbeeren träufeln.

MEAL-PREP-TIPP: Die Knödel schmecken als süße Hauptmahlzeit oder als Dessert. Sie können auch kalt serviert werden. Dazu passt eine Sauce aus dem pürierten Fruchtfleisch von 1 Mango.

KROKETTEN
MIT PILZRAHM

AB PINZETTENGRIFF

1 Für die Kroketten die Zwiebel schälen und fein würfeln. Möhren schälen, längs halbieren und in 5 mm große Stücke schneiden. Kartoffel schälen und 5 mm groß würfeln.

2 In einem hohen Topf 1 EL Öl erhitzen und die Zwiebel darin bei mittlerer Hitze ca. 5 Min. anbraten. Möhren, Kartoffel, Couscous und 300 ml Wasser zugeben und aufkochen. Den Herd ausschalten und den Couscous zugedeckt ca. 10 Min. quellen lassen. Die Linsen in ein Sieb abgießen, kalt abspülen und abtropfen lassen. Zum Couscous geben.

3 Die Petersilie waschen, trocken schütteln und die Blätter abzupfen. Die Hälfte davon fein hacken und beiseitelegen. Übrige Petersilie, Couscousmischung, Leinsamen, Haferflocken und Mehl in einem hohen Rührbecher mit dem Pürierstab fein mixen. Die Masse ca. 10 Min. quellen lassen.

4 Inzwischen für den Pilzrahm die Zwiebel schälen und in feine Halbringe schneiden. Pilze putzen, bei Bedarf mit einem Tuch abreiben und in feine Scheiben schneiden. Die Butter in einer Pfanne erhitzen und die Zwiebel darin bei mittlerer Hitze ca. 4 Min. anbraten. Die Pilze ca. 6 Min. mitbraten. Mit Mehl bestäuben und alles ca. 3 Min. klümpchenfrei verrühren. 150 g Sahne und Paprikapulver einrühren und aufkochen lassen. Übrige Sahne (50 g) und gehackte Petersilie in die Sauce rühren.

5 Aus je 1 EL Couscousmasse mit angefeuchteten Händen 4 Kroketten (5 cm lang, 2 cm ∅) für das Baby formen. Die übrige Masse für die Großen kräftig mit Salz, Pfeffer und Cayennepfeffer würzen und ebenso formen.

6 Das übrige Öl (2 EL) in einer großen Pfanne erhitzen und die Kroketten darin bei mittlerer Hitze in zwei Portionen rundum ca. 18 Min. anbraten. Mit dem Pilzrahm servieren.

FÜR 2 ERWACHSENE UND 1 BABY
50 MIN. ZUBEREITUNG
20 MIN. QUELLEN

Für die Kroketten:
1 kleine Zwiebel
100 g Möhren
1 kleine Kartoffel
3 EL Olivenöl
90 g Couscous
180 g braune Linsen (Glas oder Dose)
1 Bund glatte Petersilie
1 EL geschroteter Leinsamen
1 EL feine Haferflocken
2 EL Mehl
Salz, schwarzer Pfeffer (für die Großen)
1 Msp. Cayennepfeffer (für die Großen)

Für den Pilzrahm:
1 kleine Zwiebel
250 g braune Champignons (ersatzweise weiße)
30 g Butter
2 ½ EL Mehl
200 g Sahne
½ TL edelsüßes Paprikapulver

FLAMMKUCHEN
MIT ZUCCHINI

AB BEIKOSTREIFE

FÜR 8 STÜCK
40 MIN. ZUBEREITUNG
20 MIN. BACKEN

375 g Vollkorn-Weizenmehl
3 EL Olivenöl
150 g Frischkäse
1 Knoblauchzehe
2 TL getrockneter Thymian
Salz, schwarzer Pfeffer (für die Großen)
Chiliflocken (für die Großen)
1 kleiner Zucchino
100 g geriebener Mozzarella

Außerdem:
Mehl zum Arbeiten

1 Mehl, Öl und 190 ml Wasser in einer Schüssel mit den Knethaken des Handrührgeräts in ca. 5 Min. zu einem glatten Teig verkneten. Den Teig zugedeckt ca. 10 Min. ruhen lassen.

2 Inzwischen den Frischkäse in einer Schüssel mit 1 EL Wasser glatt verrühren. Den Knoblauch schälen und dazupressen. Den Thymian unterrühren. Für das Baby 2 EL Frischkäsecreme abnehmen, den restlichen Frischkäse für die Großen kräftig mit Salz, Pfeffer und Chiliflocken abschmecken.

3 Den Zucchino putzen, waschen und in 5 mm dicke Scheiben schneiden. Den Backofen auf 220° vorheizen, zwei Backbleche mit Backpapier belegen.

4 Den Teig in 8 Portionen teilen. Diese auf der gut bemehlten Arbeitsfläche zu ovalen Fladen (18 cm lang) ausrollen und auf die Bleche legen. Für das Baby 2 Fladen mit der milden Frischkäsecreme bestreichen, die restlichen Fladen für die Großen mit der gewürzten Frischkäsecreme bestreichen. Zuletzt alle Flammkuchen mit Zucchinischeiben und Mozzarella belegen.

5 Zuerst das Blech mit den Babyflammkuchen im Ofen (Mitte) ca. 10 Min. backen. Herausnehmen und auskühlen lassen. Dann das zweite Blech ebenso backen. Den Babyflammkuchen quer in ca. 3 cm breite Streifen schneiden.

MEAL-PREP-TIPP: Die Fladen können auch süß belegt werden. Dafür 200 g Schmand mit 1 TL Ceylon-Zimtpulver verrühren und auf den Teig streichen. Mit 1 in hauchdünne Spalten geschnittenen Apfel belegen. Ob süß oder herzhaft, für den Vorrat 1 Babyflammkuchen schneiden und tiefkühlen.

ASIATISCHE ONE-POT-PASTA

AB BEIKOSTREIFE

FÜR 2 ERWACHSENE UND 1 BABY
30 MIN. ZUBEREITUNG

180 g Rinderfilet
1 kleine rote Zwiebel
3 Möhren
1 rote Paprika
3 EL Öl
200 ml salzfreie Gemüsebrühe
400 g Kokosmilch
200 g Hülsenfrüchte-Pasta
3 EL Sojasauce (für die Großen)
Salz, schwarzer Pfeffer (für die Großen)

1 Das Rinderfilet in längliche, ca. 1 cm breite Streifen schneiden. Die Zwiebel schälen und sehr fein würfeln. Die Möhren schälen und in Stifte (6 cm lang, 5 mm dick) schneiden. Die Paprika waschen, halbieren, weiße Trennwände und Kerne entfernen. Die Hälften in 5 mm breite Streifen schneiden.

2 Das Öl in einem großen Topf erhitzen und die Zwiebel darin bei mittlerer Hitze ca. 4 Min. anbraten. Die Fleischstreifen zugeben und bei großer Hitze ca. 5 Min. anbraten, bis sie gar sind und der Topfboden leicht gebräunt ist.

3 Geschnittenes Gemüse, Gemüsebrühe, Kokosmilch und Pasta zufügen. Alles aufkochen, dann zugedeckt bei mittlerer Hitze 10–12 Min. garen, dabei alle ca. 3 Min. umrühren.

4 Für das Baby eine Portion abnehmen, die übrige Pasta für die Großen mit Sojasauce, Salz und Pfeffer würzen.

PRAXIS-TIPP: Wenn dein Baby zu essen beginnt, kann es vor allem etwas kürzere, dickere Nudeln – z. B. Spirelli oder Penne – gut greifen und halten.

MEAL-PREP-TIPP: Das One-Pot-Gericht gelingt auch mit klassischer Hartweizenpasta. Dafür einfach an den Kochzeiten auf der Packung orientieren. Wenn du das Gericht tiefkühlen willst, raten wir zu traditioneller Pasta, da Nudeln aus Hülsenfrüchten beim Aufwärmen matschig werden.

BROKKOLI-FALAFELN
MIT TAHIN-DRESSING

AB PINZETTENGRIFF

FÜR 2 ERWACHSENE
UND 1 BABY
30 MIN. ZUBEREITUNG

Für die Falafeln:
300 g Brokkoli
240 g Kichererbsen (Glas oder Dose)
1 Knoblauchzehe
½ TL gemahlener Kreuzkümmel
60 g Mehl
4 EL Öl
80 g Pflücksalat
1 Möhre
150 g Tomaten
1 rote Zwiebel
Salz, schwarzer Pfeffer (für die Großen)

Für das Dressing:
1 EL Tahin (Sesampaste)
2 EL Sojasauce
100 g Schmand
Salz, schwarzer Pfeffer (für die Großen)

1 Für die Falafeln den Brokkoli putzen, waschen und in 2 cm große Röschen teilen. Den Stiel schälen und in 1 cm dicke Scheiben schneiden. Kichererbsen in ein Sieb abgießen, kalt abspülen und abtropfen lassen. Knoblauch schälen und grob hacken.

2 Brokkoli, Kichererbsen, Knoblauch und Kreuzkümmel in einem Hochleistungsmixer fein, aber nicht breiig pürieren. Die Masse in eine Schüssel umfüllen. Das Mehl mit den Händen zügig unterkneten, bis die Masse gut formbar ist. Aus je 1 EL Masse in den Handinnenflächen 4 ovale Falafeln (4 cm lang, 2 cm ∅) für das Baby formen. Die übrige Masse für die Großen mit Salz und Pfeffer würzen und ebenso formen.

3 Das Öl in einer großen Pfanne erhitzen und die Falafeln darin bei mittlerer Hitze pro Seite 4–6 Min. braten.

4 Den Salat verlesen, waschen und trocken schleudern. Auf zwei große Teller verteilen. Die Möhre schälen, grob reiben und auf den Salat streuen. Die Tomaten waschen, halbieren, den Stielansatz entfernen und in Achtel schneiden. Die Zwiebel schälen und in feine Halbringe schneiden. Die Baby-Falafeln mit 3–4 Tomatenspalten auf einen Teller legen. Für die Großen übrige Falafeln, Tomaten und Zwiebel auf dem Salat anrichten.

5 Für das Dressing Tahin, Sojasauce, Schmand und 60 ml Wasser in einem Schraubglas gut verschütteln. Einige Tropfen auf die Babyportion träufeln. Das restliche Dressing mit Salz und Pfeffer würzen und auf dem Salat für die Großen verteilen.

PRAXIS-TIPP: Biete deinem Baby den Salat erst an, wenn es schon Backenzahnpaare hat. Vorher bleibt es bei den Tomaten. Salat nämlich klebt am Gaumen und verursacht eventuell Brechreiz.

KOHLRABI-DHAL
MIT KOKOSMILCH

AB BEIKOSTREIFE

1 Die Zwiebel schälen und fein würfeln. Den Kohlrabi schälen und in Stifte (6 cm lang, 1 cm dick) schneiden.

2 Das Öl in einem großen Topf erhitzen und die Zwiebel darin bei mittlerer Hitze ca. 4 Min. anbraten. Kreuzkümmel, Koriander und Kurkuma einrühren. Kohlrabistifte und Mung Dhal zugeben und ca. 1 Min. mitbraten. Mit Kokosmilch und 200 ml Wasser ablöschen. Alles aufkochen, dann zugedeckt bei kleiner Hitze ca. 20 Min. garen. Das Dhal sehr gut abkühlen lassen.

3 Für das Baby eine Portion abnehmen, das übrige Dhal für die Großen mit Salz und Pfeffer würzen und servieren.

FÜR 2 ERWACHSENE UND 1 BABY
30 MIN. ZUBEREITUNG

1 Zwiebel
1 großer Kohlrabi
2 EL Olivenöl
½ TL gemahlener Kreuzkümmel
½ TL gemahlener Koriander
½ TL gemahlene Kurkuma
200 g Mung Dhal (ersatzweise gelbe Linsen)
400 g Kokosmilch
Salz, schwarzer Pfeffer (für die Großen)

FÜR DIE GROSSEN: Zum Dhal gibt's noch eine frische Tomatensalsa. Dafür 2 große Tomaten waschen, halbieren und den Stielansatz entfernen. Die Hälften 5 mm groß würfeln. In einer Schüssel mit 1 gepressten Knoblauchzehe und ½ Bund gehacktem Koriandergrün, Salz und Pfeffer mischen.

PRAXIS-TIPP: Mung Dhal gehört zu den Hülsenfrüchten, die am leichtesten zu verdauen sind. Damit ist dieses Dhal-Gericht ein toller Einstieg in die Welt der hochwertigen Hülsenfrüchte.

KÜRBISRISOTTO
MIT PINIENKERN-PARMESAN

AB PINZETTENGRIFF

1 Das Kürbisfruchtfleisch waschen und fein reiben. Die Zwiebel schälen und sehr fein würfeln. Öl und Butter in einem Topf erhitzen. Zwiebel, Kürbis und Reis darin unter Rühren bei mittlerer Hitze ca. 6 Min. dünsten.

2 Mit dem Apfelsaft ablöschen. Dann die Brühe in Portionen (à 200 ml) zugießen und den Risotto bei kleiner bis mittlerer Hitze ca. 30 Min. sanft köcheln lassen. Dabei häufig umrühren. Sobald die Brühe verkocht ist, die nächste Portion zugießen. Den Salbei unterrühren und den Risotto kurz ruhen lassen.

3 Inzwischen die Pinienkerne mit Hefeflocken und Haferflocken in einem Hochleistungsmixer fein mixen. Pinienkernmischung und Schmand unter den Risotto rühren.

4 Für das Baby 2 EL Risotto abnehmen, ca. 1 cm dick auf einen Teller streichen und ca. 5 Min. abkühlen lassen. Dann mit einem Esslöffel Nocken abstechen. Den übrigen Risotto für die Großen mit Salz und Chiliflocken abschmecken.

FÜR 2 ERWACHSENE UND 1 BABY
50 MIN. ZUBEREITUNG

200 g Hokkaido-Kürbis-fruchtfleisch
1 kleine Zwiebel
1 EL Olivenöl
1 EL Butter
200 g Risottoreis (z. B. Carnaroli)
100 ml Apfelsaft
700 ml salzfreie Gemüse-brühe
1 TL getrockneter Salbei
25 g Pinienkerne
10 g Hefeflocken
5 g feine Haferflocken (glutenfrei)
60 g Schmand
Salz (für die Großen)
Chiliflocken (für die Großen)

FÜR DIE GROSSEN: Frische Frühlingszwiebeln geben dem Risotto mehr Aroma und Biss. Dafür ½ Bund Frühlingszwiebeln putzen, waschen und in schmale Ringe schneiden. Vor dem Servieren auf den Risotto streuen.

MEAL-PREP-TIPP: Der Risotto kann auch einige Stunden im Voraus zubereitet werden. Dann rasch im Topf abkühlen (z. B. im kalten Wasserbad) und in den Kühlschrank stellen. Zum Servieren wieder im Topf erwärmen.

ERBSEN-PANCAKES
MIT AUBERGINEN-RAGOUT

AB BEIKOSTREIFE

1 Für die Pancakes die Erbsen in einem hohen Rührbecher mit 500 ml kochendem Wasser übergießen, ca. 5 Min. ziehen und dabei auftauen lassen. Das Wasser dann abgießen.

2 Inzwischen für das Ragout die Aubergine putzen und waschen. Zuerst in 1 cm dicke Scheiben, dann 1 cm breite Stifte schneiden. Das Öl in einer großen Pfanne erhitzen und die Auberginenstifte darin bei mittlerer Hitze ca. 12 Min. anbraten. Dabei gelegentlich umrühren. Mit Paprikapulver würzen, mit den Tomaten ablöschen und ca. 4 Min. weitergaren.

3 Die Erbsen im Rührbecher mit Ei, Mehl und Haferflocken fein pürieren. In einer zweiten Pfanne wenige Tropfen Öl erhitzen. Pro Pancake 2 EL Teig in die Pfanne setzen und 2 Pancakes für das Baby backen, dabei nach ca. 4 Min. wenden. Den restlichen Teig für die Großen mit Salz, Pfeffer und Muskatnuss würzen und im übrigen Öl ebenso 6 Pancakes (8 cm ∅) ausbacken.

4 Die Pancakes für das Baby in Streifen schneiden und dazu die Mittelstücke von der Aubergine mit wenig Haut anbieten. Restliches Ragout und Pancakes auf zwei Tellern servieren.

FÜR 2 ERWACHSENE
UND 1 BABY
35 MIN. ZUBEREITUNG

Für die Pancakes:
300 g TK-Erbsen
1 Ei (L)
3 EL Mehl
5 EL feine Haferflocken
1 EL Olivenöl
Salz, schwarzer Pfeffer (für die Großen)
1 Prise frisch geriebene Muskatnuss (für die Großen)

Für das Ragout:
1 große Aubergine
3 EL Olivenöl
1 TL edelsüßes Paprikapulver
1 Dose stückige Tomaten (400 g)

FÜR DIE GROSSEN: Das Auberginen-Ragout vor dem Servieren mit Salz, Pfeffer und Chilipulver würzig abschmecken und mit 100 g zerbröseltem Schafskäse (Feta) bestreuen.

PRAXIS-TIPP: Alle Babys lieben Pancakes! Diese bestehen fast nur aus Gemüse und bieten die Möglichkeit, »ungeliebte« Zutaten versteckt anzubieten. Im Teig lassen sich auch gemahlene Nüsse, Saaten und Vollkorngetreide unterbringen.

NÄHRSTOFF-TIPP: Die Haferflocken können gegen Sonnenblumenkerne, Kürbiskerne und Sesam ausgetauscht werden. So ergeben sich neue Nährstoffkombis, die besonders viel Eisen, Zink, Kalzium und Magnesium liefern.

GEMÜSEPOMMES
MIT CURRY-KETCHUP

AB BEIKOSTREIFE

1 Den Backofen auf 175° (Umluft) vorheizen, zwei Backbleche mit Backpapier belegen. Das Wurzelgemüse putzen, waschen oder eventuell schälen. Dann mit einem Wellenschnittmesser in Stifte (7 cm lang, 1,5 cm dick) schneiden.

2 Die Gemüsestifte mit Thymian und Olivenöl in einer großen Schüssel mischen. Auf den Backblechen verteilen und im Ofen (oben und unten) 25–30 Min. backen.

3 Inzwischen für das Ketchup die Tomaten in einem Topf aufkochen. Dattelsüße, Currypulver und Zitronensaft mit einem Schneebesen klümpchenfrei einrühren. Alles aufkochen, dann bei kleiner Hitze ca. 20 Min. köcheln lassen. Dabei gelegentlich umrühren. Für das Baby eine Portion abnehmen und abgekühlt als Dip zu den Pommes anbieten. Das restliche Ketchup für die Großen mit Salz und Pfeffer würzig abschmecken. Die Gemüsepommes aus dem Ofen nehmen und mit dem Ketchup servieren.

FÜR 2 ERWACHSENE UND 1 BABY
35 MIN. ZUBEREITUNG
30 MIN. BACKEN

Für die Pommes:
1,2 kg Wurzelgemüse (Steckrübe, Pastinake, Rote Bete)
2 TL getrockneter Thymian
5 EL Olivenöl

Für das Ketchup:
1 Dose passierte Tomaten (400 g)
1 ½ EL Dattelsüße
½ TL mildes Currypulver
2 TL Zitronensaft
Salz, schwarzer Pfeffer (für die Großen)

FÜR DIE GROSSEN: Wenn die Babyportion auf dem Blech ist, kannst du die übrigen Gemüsepommes noch mit Cayennepfeffer oder Chiliflocken aufpeppen oder in Knusperpommes verwandeln. Dafür 100 g Mehl mit 150 ml Wasser und je ½ TL edelsüßem Paprikapulver und Currypulver verrühren. Die Hälfte der Gemüsestifte darin schwenken, in 75 g zerbröselten Cornflakes wälzen und auf einem Blech verteilen.

PRAXIS-TIPP: Die Gemüse lassen sich je nach Saison variieren. Steckrüben z. B. haben von Oktober bis Dezember Saison, im restlichen Jahr schmecken stattdessen Möhren. Beim Verarbeiten von Roten Beten unbedingt Einweghandschuhe tragen, denn sie färben stark.

NÄHRSTOFF-TIPP: Aus Resten vom Ofengemüse lässt sich mit Nüssen oder Saaten ein nährstoffreicher Aufstrich mixen. Den kannst du deinem Baby auf Brotreiter streichen oder zum Dippen anbieten.

HÄHNCHENSCHENKEL

AB BEIKOSTREIFE

MIT KARTOFFELN VOM BLECH

1 Die Hähnchenschenkel kalt abbrausen, mit Küchenpapier trocken tupfen und eventuell verbliebene Sehnen oder Fettstränge entfernen. Das Fleisch in die Auflaufform legen.

2 Den Knoblauch schälen und durch die Knoblauchpresse in eine Schale drücken. Tomatenmark, Zitronensaft, 2 EL Öl, Rosmarin und 1 Prise Pfeffer unterrühren. Die Hähnchenschenkel mit einem Pinsel von beiden Seiten mit der Marinade bestreichen. Mit der Haut nach oben in der Auflaufform beiseitestellen.

3 Den Backofen auf 200° vorheizen. Die Tomaten waschen und halbieren. Die Zwiebel schälen und in dünne Halbringe schneiden. Die Kartoffeln waschen, abbürsten und längs in 1 cm breite Spalten schneiden. Zwiebel und Kartoffeln in einer Schüssel mit übrigem Öl (1 EL), Curry- und Paprikapulver mischen. Kartoffeln und Tomaten zu den Hähnchenschenkeln in die Form geben und alles im Ofen (Mitte) 30–35 Min. backen.

4 Für das Baby von einem Hähnchenschenkel etwas Fleisch (ohne Haut) ablösen und mit einigen Kartoffelspalten servieren.

FÜR 2 ERWACHSENE UND 1 BABY
30 MIN. ZUBEREITUNG
35 MIN. BACKEN

2 Hähnchenschenkel (à 300 g)
1 Knoblauchzehe
1 EL Tomatenmark
2 TL Zitronensaft
3 EL Olivenöl
2 TL getrockneter Rosmarin
schwarzer Pfeffer
200 g Kirschtomaten
1 Zwiebel
600 g festkochende Kartoffeln
1 TL mildes Currypulver
½ TL edelsüßes Paprikapulver

Außerdem:
Auflaufform (18 × 25 cm)

FÜR DIE GROSSEN: Kartoffeln und Hähnchen können nach Belieben am Tisch nachgesalzen werden. Dazu passt ein frischer grüner Blattsalat mit Joghurtdressing.

PRAXIS-TIPP: Wenn das Baby größere Mengen isst, kannst du noch einen dritten Hähnchenschenkel zubereiten. Diesen etwas milder und eventuell ohne Knoblauch und Pfeffer marinieren. Das Gericht gelingt auch mit Hähnchenbrustfilet, dabei variiert die Garzeit je nach Dicke des Filets.

SEMMELKNÖDEL
MIT LAUCH-HACK-SAUCE

AB PINZETTENGRIFF

FÜR 2 ERWACHSENE UND 1 BABY
45 MIN. ZUBEREITUNG

Für die Knödel:
3 Brötchen vom Vortag
1 kleine Zwiebel
1 EL Olivenöl
110 ml Milch
¼ Bund Petersilie
1 Ei (M)
1 TL Senf

Für die Sauce:
1 große Stange Lauch
1 EL Olivenöl
250 g gemischtes Hackfleisch
1 TL edelsüßes Paprikapulver
300 g Sahne
Salz, schwarzer Pfeffer (für die Großen)

Außerdem:
1 EL Öl für den Gareinsatz
2 Zahnstocher

1 Für die Knödel die Brötchen 1 cm groß würfeln und in eine Schüssel geben. Die Zwiebel schälen und sehr fein würfeln. Das Öl in einer Pfanne erhitzen und die Zwiebel darin ca. 4 Min. andünsten. Den Herd ausschalten, die Milch zur Zwiebel gießen und ca. 1 Min. in der Restwärme erhitzen. Über die Brötchen gießen. Petersilie waschen, trocken schütteln und sehr fein hacken. Ei verquirlen. Petersilie, Ei und Senf zu den Brötchen geben.

2 Wasser in einem großen Topf zum Sieden bringen. Einen passenden Gareinsatz mit dem Öl ausstreichen und hineinsetzen.

3 Den Knödelteig mit den Händen gut verkneten. Für das Baby 2 Knödel formen und mit Zahnstochern markieren. Den restlichen Teig für die Großen mit Salz und Pfeffer würzen und zu 4 Knödeln formen. Alle Knödel in den Gareinsatz legen und zugedeckt 20–25 Min. garen.

4 Inzwischen für die Sauce den Lauch putzen, sorgfältig waschen, längs halbieren und in feine Halbringe schneiden. Das Öl in der Pfanne erhitzen. Lauch und Hackfleisch darin ca. 8 Min. anbraten, bis das Fleisch durchgebraten ist. Mit Paprikapulver bestäuben, mit der Sahne ablöschen und in ca. 3 Min. zu einer sämigen Sauce einkochen lassen.

5 Eine Portion Sauce für das Baby abnehmen, den Rest für die Großen mit Salz und Pfeffer abschmecken. Die Knödel für das Baby in Achtel schneiden und mit etwas Sauce servieren.

MEAL-PREP-TIPP: Die Knödel können 2 Tage gut abgedeckt im Kühlschrank aufbewahrt werden. Zum Servieren in Scheiben schneiden und in etwas Butter anbraten. Knödel und Sauce lassen sich auch tiefkühlen.

OMELETTROLLE
MIT MANGOLD

AB BEIKOSTREIFE

1 Den Backofen auf 180° vorheizen, die Auflaufform oder ein Backblech mit Backpapier auslegen.

2 Den Mangold waschen, trocken schütteln und in sehr feine Streifen schneiden. Eier und Milch in einem Rührbecher verquirlen und den Mangold unterheben. Die Eiermasse in die Form gießen und durch leichtes Schwenken gleichmäßig darin verteilen. Das Omelett im Ofen (Mitte) ca. 20 Min. backen.

3 Inzwischen die Tomaten waschen, halbieren und die Stielansätze entfernen. Die Hälften in 1 cm breite Spalten schneiden.

4 Das Omelett aus dem Ofen nehmen, stürzen und das Papier vorsichtig abziehen. Mit Ziegenkäse bestreichen und von der Längsseite her aufrollen. Das Omelett in 2 cm breite Scheiben schneiden und mit den Tomaten servieren. Für das Baby das Omelett eventuell in 2 cm breiten Streifen anbieten.

FÜR 2 ERWACHSENE UND 1 BABY
20 MIN. ZUBEREITUNG
20 MIN. BACKEN

80 g Mangold (1 großes Blatt)
5 Eier (M)
80 ml Milch (ersatzweise Mineralwasser mit Kohlensäure)
300 g Tomaten
80 g Ziegenfrischkäse

Außerdem:
Auflaufform (30 × 20 cm)

FÜR DIE GROSSEN: Die geschnittenen Tomaten mit 2 EL Olivenöl, 2 EL Aceto balsamico, Salz und schwarzem Pfeffer würzig anmachen. Als Salat zum Omelett servieren.

PRAXIS-TIPP: Statt Mangold kann auch zu Blattspinat gegriffen werden. Diesen ebenfalls sehr klein hacken, damit die Spinatblätter nicht am Gaumen des Babys festkleben. Ohne Backenzähne können Mangold und Spinat nämlich noch nicht vom Baby zerkleinert werden.

ZUCKERFREI BACKEN

BIRNEN-GEWÜRZ-WAFFELN

AB BEIKOSTREIFE

1 Die Birnen waschen, vierteln, entkernen und grob reiben. Die Butter in einem kleinen Topf schmelzen. Die geschmolzene Butter dann in einer großen Schüssel mit Milch und Eiern verquirlen. Die Birnenraspel untermischen.

2 Beide Mehlsorten, Nüsse, Zimt, Nelken und Lebkuchengewürz in einer zweiten Schüssel vermischen. Die Mehlmischung zügig unter die Milchmischung rühren.

3 Das Waffeleisen auf mittlerer Stufe vorheizen. Die Backflächen vor der ersten Waffel dünn mit Öl einfetten. Dann 3 EL Teig gleichmäßig auf der unteren Backfläche verteilen. Das Waffeleisen schließen und die Waffel ca. 3 Min. backen. Herausnehmen und auf einem Kuchengitter abkühlen lassen. Mit dem restlichen Teig wiederholen und so insgesamt 10 Waffeln backen.

FÜR 10 WAFFELN
25 MIN. ZUBEREITUNG

2 reife Birnen
50 g Butter (ersatzweise Margarine)
150 ml Milch (ersatzweise Haferdrink)
2 Eier (M)
100 g Vollkorn-Dinkelmehl
100 g Dinkelmehl (Type 630)
40 g gemahlene Nusskerne (z. B. Haselnüsse, Mandeln)
½ TL Ceylon-Zimtpulver
½ TL gemahlene Nelken
½ TL Lebkuchengewürz (ersatzweise Ceylon-Zimtpulver)

Außerdem:
Herz-Waffeleisen
Öl für das Waffeleisen

PRAXIS-TIPP: Die Waffeln kannst du auch mal mit 2 geriebenen Äpfeln zubereiten. Willst du vegane Waffeln backen, ersetze einfach die Eier durch 160 g Apfelmark (aus dem Glas).

GEFÜLLTE HAFERKEKSE

AB BEIKOSTREIFE

FÜR 10 STÜCK • 15 MIN. ZUBEREITUNG • 12 MIN. BACKEN

1 reife Banane • 50 ml Orangensaft • 115 g feine Haferflocken (glutenfrei) • 1 EL heller Sesam • 30 g Fruchtmus

1 Den Backofen auf 180° vorheizen, ein Backblech mit Backpapier belegen. Die Banane schälen, in Stücke brechen und in einer Schüssel mit einer Gabel zerdrücken. Orangensaft, Haferflocken und Sesam zufügen und alles zu einer leicht klebrigen Masse vermischen.

2 Von der Masse jeweils 1 EL abnehmen und in den angefeuchteten Handinnenflächen zu einer Kugel formen. Mit dem Zeigefinger eine Mulde hineindrücken und 1 TL Fruchtmus hineinfüllen. Den Teig darüber zusammenfassen, wieder zu einer Kugel formen und auf das Blech setzen. Die Kekse im Ofen (Mitte) ca. 12 Min. backen. Herausnehmen und vollständig auskühlen lassen.

PRAXIS-TIPP: Zum Füllen der Kekse kannst du wunderbar Reste von Quetschies oder Obstgläschen aufbrauchen.

NÄHRSTOFF-TIPP: Kalziumreicher werden die Kekse durch die Zugabe von 1 EL Tahin (Sesampaste). Es enthält zudem viel Vitamin B1 und B2.

SCHOKO-BANANEN-BROWNIES

AB BEIKOSTREIFE

FÜR 10 STÜCK • 10 MIN. ZUBEREITUNG • 20 MIN. BACKEN

2 sehr reife Bananen • 2 Eier (M) • 100 ml Milch • 180 g Mehl • 1 TL Weinstein-Backpulver • 20 g Kakaopulver (ersatzweise Carobpulver) • Backform (20 × 20 cm) • Öl für die Form

1 Den Backofen auf 180° vorheizen, die Backform mit Öl einfetten. Die Bananen schälen und in einer Schüssel mit einer Gabel fein zerdrücken. Eier und Milch zugeben und alles mit einem Schneebesen glatt verrühren. Mehl, Backpulver und Kakao zügig mit dem Schneebesen untermischen. Die Masse in die Form füllen und im Ofen (Mitte) ca. 20 Min. backen.

2 Den Kuchen aus dem Ofen nehmen und vollständig auskühlen lassen. Danach in Stücke (4 × 10 cm) schneiden. In einer Glasdose können die Brownies bis zu 2 Tagen im Kühlschrank aufbewahrt oder tiefgekühlt werden.

PRAXIS-TIPP: Mit frischen Beeren schmeckt ein Brownie als Frühstück oder Snack. Wenn dein Baby bereits den Pinzettengriff beherrscht, kannst du ihn in kleine Stücke geschnitten anbieten. Vorher in ca. 2 cm breite Streifen schneiden.

EINFACHE SÜSS-KARTOFFELKEKSE

AB PINZETTENGRIFF

FÜR 40 STÜCK
30 MIN. ZUBEREITUNG
30 MIN. KÜHLEN
26 MIN. BACKEN

125 g Süßkartoffeln
125 g kalte Butter
170 g Mehl
½ TL Weinstein-Backpulver
1 TL getrocknete italienische Kräuter (nach Belieben)

Außerdem:
Mehl zum Arbeiten
Ausstecher (Stern, Herz oder Tiermotive)

1 Die Süßkartoffeln schälen und fein reiben. Die Butter in 1 cm große Würfel schneiden und zu den Süßkartoffeln geben. Mehl, Backpulver und nach Belieben Kräuter zufügen und alles mit den Rührbesen des Handrührgeräts zügig zu einem glatten Teig verrühren. Der Teig sollte kalt sein und nicht kleben. Den Teig in Frischhaltefolie wickeln und ca. 30 Min. kühlen.

2 Den Backofen auf 180° vorheizen, zwei Backbleche mit Backpapier belegen. Den Teig halbieren. Eine Portion auf der gut bemehlten Arbeitsfläche mit bemehlten Händen leicht flach drücken. Den Teig ein- bis zweimal wenden und so gut bemehlen. Dann zügig mit einem Nudelholz 3–4 mm dick ausrollen. Mit dem Ausstecher Kekse ausstechen und mit etwas Abstand auf ein Backblech legen. Teigreste zusammenkneten, wieder ausrollen und ausstechen. Mit der zweiten Teigportion wiederholen.

3 Die Kekse im Ofen (Mitte) nacheinander je 11–13 Min. backen. Herausnehmen und auf einem Kuchengitter vollständig auskühlen lassen. Zum Aufbewahren in eine Blechdose schichten, darin sind die Kekse bis zu 2 Wochen haltbar.

PRAXIS-TIPP: Wenn es schnell gehen soll, einfach den ausgerollten Teig mit einem Pizzaschneider in Rauten (3 × 3 cm) schneiden. Aufgrund der Inhaltsstoffe sind die Kekse eigentlich ab Beikoststart geeignet. Aber sie sind sehr mürbe, deshalb werden absolute Beikostanfänger sie in den Händen zerbröseln.

PINKFARBENE ZIMTSCHNECKEN

AB BEIKOSTREIFE

1 Für den Teig den Rote-Bete-Saft erwärmen und die Butter darin schmelzen. Die Mischung handwarm abkühlen lassen. Das Mehl in eine Rührschüssel geben und die Hefe dazubröseln. Die Saft-Butter-Mischung zugießen und ca. 5 Min. stehen lassen. Dann alles mit den Knethaken des Handrührgeräts oder mit der Küchenmaschine zu einem glatten Teig verkneten. Den Teig abgedeckt ca. 1 Std. an einem warmen Ort gehen lassen.

2 Den Backofen auf 180° vorheizen, ein Backblech mit Backpapier belegen. Den Teig auf der leicht bemehlten Arbeitsfläche zu einem Rechteck (50 × 35 cm) ausrollen.

3 Für die Füllung die Teigplatte mit der Butter bestreichen und mit Zimt bestreuen. Dann von der Längsseite her aufrollen und in 2–3 cm breite Scheiben schneiden. Die Schnecken auf das Backblech setzen und im Ofen (Mitte) 12–14 Min. backen.

4 Die Schnecken aus dem Ofen nehmen, lauwarm abkühlen lassen und servieren. Für den Vorrat auf einem Kuchengitter vollständig auskühlen lassen und bis zu 3 Monate tiefkühlen.

FÜR 15 STÜCK
30 MIN. ZUBEREITUNG
1 STD. 5 MIN. RUHEN
14 MIN. BACKEN

Für den Teig:
250 ml Rote-Bete-Saft
60 g Butter
500 g Dinkelmehl (Type 630)
21 g frische Hefe

Für die Füllung:
100 g sehr weiche Butter
2 TL Ceylon-Zimtpulver

Außerdem:
Mehl zum Arbeiten

FÜR DIE GROSSEN: Mit Zucker werden die Zimtschnecken saftiger. Bestreue eine Hälfte der Teigplatte mit 2 EL Rohrohrzucker oder streue Hagelzucker auf die fertig gerollten Schnecken.

PRAXIS-TIPP: Der Teig lässt sich leicht verarbeiten und ausrollen – jedoch werden die Schnecken durch den fehlenden Zucker nicht ganz so saftig wie gewohnt. Das kannst du ausgleichen, indem du vor dem Aufrollen noch 100–200 g zuckerfreien Fruchtaufstrich auf die Teigplatte streichst.

APRIKOSEN-MUFFINS

AB BEIKOSTREIFE

FÜR 10 STÜCK • 10 MIN. ZUBEREITUNG • 30 MIN. BACKEN

125 ml Haferdrink • 250 g Apfelmark (aus dem Glas) • 70 ml Kürbiskernöl • 200 g Mehl • 100 g feine Haferflocken • 1 TL Weinstein-Backpulver • 1 TL Ceylon-Zimtpulver • 5 Aprikosen (ersatzweise 125 g Brombeeren) • 10er-Muffinform (Stahlblech oder Silikon) • 10 Muffin-Papierförmchen

1 Den Backofen auf 180° vorheizen. Die Papierförmchen in die Mulden der Muffinform setzen. (Alternativ die Silikon-Muffinform kalt ausspülen).

2 Haferdrink, Apfelmark und Kürbiskernöl in einer Rührschüssel mit den Rührbesen des Handrührgeräts gut verrühren. Mehl, Haferflocken, Backpulver und Zimt zügig einrühren. Die Aprikosen waschen, halbieren, entsteinen und 1 cm groß würfeln. Die Würfel mit einem Löffel unter den Teig heben.

3 Den Teig gleichmäßig in die Förmchen füllen und im Ofen (Mitte) 25–30 Min. backen. Die Muffins aus dem Ofen nehmen und auf einem Kuchengitter ganz auskühlen lassen.

PRAXIS-TIPP: Die Muffins können bis zu 2 Tage kühl aufbewahrt oder tiefgekühlt werden. Da das Kürbiskernöl auf Kunststoff abfärbt, die Muffins auf Porzellan oder in einer Glasdose lagern. Zum Tiefkühlen eigenen sich Gefrierbeutel.

HASELNUSS-ZITRONEN-SCONES

AB BEIKOSTREIFE

FÜR 8 STÜCK • 10 MIN. ZUBEREITUNG • 25 MIN. BACKEN

1 Bio-Zitrone • 200 g Mehl • 50 g gemahlene Haselnusskerne • 1 ½ TL Weinstein-Backpulver • 70 g kalte Butter • 140 ml Buttermilch • Mehl zum Arbeiten

1 Die Zitrone heiß abwaschen, abtrocknen, 1 TL Schale abreiben und 3 EL Saft auspressen. Mehl, Nüsse, Backpulver und Zitronenschale in einer großen Schüssel mischen.

2 Die Butter in 1 cm große Würfel schneiden. Die Würfel dann mit den Fingerspitzen ins Mehl reiben, bis ein krümeliger Teig entsteht. Zitronensaft und Buttermilch zugießen und alles mit einem Löffel zügig vermischen.

3 Den Backofen auf 200° vorheizen, ein Backblech mit Backpapier belegen und mit 1 EL Mehl bestreuen. Den Teig darauf mit bemehlten Händen zügig zu einem 2–3 cm dicken Rechteck flach drücken. Das Rechteck mit einer bemehlten Teigkarte in 8 Quadrate durchtrennen, die Quadrate jedoch nicht auseinanderziehen. Die Scones im Ofen (Mitte) 20–25 Min. backen.

PRAXIS-TIPP: Die gemahlenen Haselnüsse können durch gemahlene Mandeln ersetzt werden. Eine Bio-Orange statt der Zitrone sorgt für einen fruchtigeren Geschmack.

OFENPFANNKUCHEN

MIT NUSSMUS UND BEEREN

AB PINZETTENGRIFF

FÜR 2 ERWACHSENE UND 1 BABY
20 MIN. ZUBEREITUNG
30 MIN. BACKEN

3 Eier (M)
300 ml Milch
1 Msp. gemahlene Bourbon-Vanille
200 g Dinkelmehl (Type 630)
50 g Vollkorn-Dinkelmehl
1 TL Weinstein-Backpulver
75 g Heidelbeeren
100 g Cashewmus
80 g zuckerfreier Himbeer-Fruchtaufstrich

Außerdem:
Auflaufform (18 × 25 cm)

1 Den Backofen auf 190° vorheizen, die Auflaufform mit Backpapier auslegen. Die Eier in einer Schüssel schaumig schlagen. Milch und Vanille kurz unterrühren. Beide Mehlsorten und Backpulver mischen, zur Eiermilch geben und alles klümpchenfrei verrühren. Den Teig ca. 5 Min. quellen lassen.

2 Inzwischen die Heidelbeeren verlesen, waschen und trocken tupfen. Den Teig in die Auflaufform füllen und durch leichtes Rütteln gleichmäßig darin verteilen.

3 Das Cashewmus mit einem Teelöffel glatt rühren und 12 Kleckse auf den Teig setzen. Je 1 Klecks Himbeeraufstrich auf die Cashewkleckse geben und die Beeren über den Teig streuen.

4 Den Pfannkuchen im Ofen (Mitte) ca. 30 Min. backen. Herausnehmen und abkühlen lassen. Dann in Quadrate (ca. 6 × 6 cm) oder Sticks schneiden und servieren.

PRAXIS-TIPP: Für Abwechslung bei den Klecksen sorgen Mandel- oder Erdnussmus. Beide passen gut zum Pfannkuchen. Auch bei den Beeren darfst du variieren, lecker schmecken z. B. Himbeeren oder eine Beerenmischung.

NUMBERCAKE
ZUM 1. GEBURTSTAG

AB BEIKOSTREIFE

FÜR 1 TORTE (16 STÜCKE)
1 STD. ZUBEREITUNG
27 MIN. BACKEN
3 STD. KÜHLEN

550 g Dinkelmehl (Type 630)
5 TL Weinstein-Backpulver
20 g Dattelsüße
125 ml Backöl (ersatzweise neutrales Öl)
100 g Apfelmark (aus dem Glas)
450 ml Mineralwasser mit Kohlensäure
300 g Erdbeeren
1 ½ TL Agar-Agar
100 g Sahne
250 g Mascarpone
¼ TL gemahlene Bourbon-Vanille
abgeriebene Schale von 1 Bio-Zitrone

Außerdem:
verstellbares tiefes Backblech
»1«-Schablone (24 cm hoch, 7 cm Fußbreite)
Ausstecher (Abc)
Spritzbeutel mit mittlerer Sterntülle

1 Den Backofen auf 180° vorheizen. Das Backblech auf 26 cm einstellen und mit Backpapier belegen. Mehl, Backpulver und Dattelsüße in einer Schüssel mischen. In einer zweiten Schüssel Öl und Apfelmark verrühren. Apfelmarkmischung und Mineralwasser zur Mehlmischung gießen und zügig zu einem glatten Teig verrühren. Den Teig glatt auf das Blech streichen und im Ofen (Mitte) 25–27 Min. backen. Herausnehmen, mit dem Papier auf ein Kuchengitter ziehen und ca. 1 Std. auskühlen lassen.

2 Inzwischen die Erdbeeren wenige Minuten in Wasser legen, dann abspülen. 100 g schöne Beeren mit Grün für die Deko halbieren und beiseitelegen. Die restlichen Erdbeeren putzen und fein pürieren. Das Püree in einen kleinen Topf füllen, das Agar-Agar mit einem Schneebesen klümpchenfrei unterrühren und unter Rühren aufkochen. Ca. 5 Min. bei kleiner Hitze unter Rühren köcheln, dann bei Raumtemperatur abkühlen lassen.

3 Die Sahne steif schlagen. Mascarpone, Vanille und Zitronenschale zugeben und erneut aufschlagen. Das Erdbeerpüree unterrühren und die Creme bis zur Verwendung kühlen.

4 Aus dem Boden mithilfe der Schablone und einem scharfen Messer zweimal die Zahl »1« ausschneiden. Aus den Teigresten mit den Ausstechern einzelne Buchstaben ausstechen.

5 Eine »1« auf eine Kuchenplatte legen. Die Hälfte der Creme in den Spritzbeutel füllen und kleine Tupfen zuerst auf den äußeren, dann auf den inneren Rand und zuletzt in die Mitte spritzen. Die zweite »1« auflegen und die übrige Creme aufspritzen. Die Torte mit den übrigen Erdbeeren und den ausgestochenen Buchstaben dekorieren und mindestens 2 Std. kühlen.

PRAXIS-TIPP: Je nach Saison kannst du auf andere Früchte oder Beeren zurückgreifen. Auch mit Pfirsichen, Waldfrüchten, Pflaumen oder gemischtem Obst schmeckt die Torte köstlich.

KUNTERBUNTE GEBURTSTAGSTORTE

AB BEIKOSTREIFE

FÜR 1 TORTE (12 STÜCKE)
1 STD. 30 MIN. ZUBEREITUNG
28 MIN. BACKEN
2 STD. KÜHLEN

Für die Böden:
6 Eier (M, Raumtemperatur)
200 g Dinkelmehl (Type 630)
4 TL Weinstein-Backpulver
20 g Speisestärke
20 g Dattelsüße

Für die Creme:
500 g Frischkäse
¼ TL gemahlene Bourbon-Vanille
blaue und pinke natürliche Lebensmittelfarbe (Pulver)
200 g Sahne
1 Mango
6 Kiwis

Außerdem:
Springform (18 cm ∅)
Öl und Mehl für die Form

1 Den Backofen auf 160° vorheizen. Die Form mit Öl einfetten und mit Mehl ausstäuben. Für die Böden 3 Eier in der Küchenmaschine auf höchster Stufe in ca. 7 Min. schaumig aufschlagen, dann auf mittlerer Stufe ca. 3 Min. weiterrühren. 100 g Mehl, 2 TL Backpulver, 10 g Stärke und 10 g Dattelsüße mischen. Die Hälfte der Mehlmischung auf die Eiermasse sieben und mit einem Teigspatel vorsichtig unterheben, dann die zweite Hälfte daraufsieben und unterheben. Den Teig in die Form füllen, glätten und im Ofen (Mitte) 13–14 Min. backen. Den Boden leicht abgekühlt aus der Form lösen, auf ein Kuchengitter stürzen und ca. 1 Std. auskühlen lassen. Mit den restlichen Zutaten ebenso einen zweiten Biskuitboden zubereiten.

2 Inzwischen für die Creme Frischkäse und Vanille verrühren. Je 125 g abnehmen und in Schüsseln mit je 2 TL Lebensmittelfarbe hellblau und rosa einfärben, kühlen. Die Sahne steif schlagen und die restliche Creme (250 g) unterheben. 12 EL helle Creme zu Einstreichen abnehmen und kühlen.

3 Die Mango schälen, das Fruchtfleisch flach vom Stein schneiden und klein würfeln. Unter die helle Creme heben. Die Kiwis schälen und in 5 mm dicke Scheiben schneiden.

4 Jeden Biskuitboden waagerecht halbieren, sodass 4 Böden entstehen. Einen Boden auf eine Kuchenplatte legen. Mit einem Drittel der Kiwischeiben belegen und ein Drittel der Mangosahne darauf verteilen. Den zweiten Boden auflegen und andrücken. Ebenso mit Kiwis belegen und mit Mangosahne bestreichen. Mit dem dritten Boden wiederholen und mit dem vierten Boden abdecken. Oberfläche und Rand der Torte mit einem Palettenmesser mit der übrigen hellen Creme (12 EL) einstreichen.

5 Für die Deko mit zwei kleinen Palettenmessern oder mit dem Rücken zweier Teelöffel jeweils etwas hellblau und rosa gefärbte Creme aufnehmen und die Torte von oben beginnend mit Klecksen verzieren. Die Kleckse dabei mit einer Bewegung von unten nach oben auftragen. Die Torte mindestens 2 Std. kühlen.

BASICS

KNABBERSTANGEN
MIT APFEL-MANGO-MARK

AB BEIKOSTREIFE

1 Den Backofen auf 180° vorheizen, zwei Backbleche mit Backpapier belegen. Öl, Apfel-Mango-Mark und 50 ml Wasser in einer Schüssel verrühren. (Wird Fruchtmark aus dem Gläschen verwendet, kein Wasser zufügen.)

2 Mehl, Hirseflocken, Backpulver und Zimt mischen und zur Öl-Obst-Mischung geben. Alles zügig mit den Rührbesen des Handrührgeräts zu einem feuchten Teig verrühren.

3 Jeweils 1 EL Teig abnehmen und mit angefeuchteten Handinnenflächen zu Stangen (8 cm lang, 2,5 cm ∅) formen. Diese mit etwas Abstand auf die Bleche legen. (Alternativ je 1 EL Teig als Häufchen auf die Bleche setzen und als Kekse backen.)

4 Die Stangen im Ofen (Mitte) nacheinander je 15–18 Min. backen. Aus dem Ofen nehmen und auf einem Kuchengitter vollständig auskühlen lassen.

FÜR 30 STÜCK
25 MIN. ZUBEREITUNG
36 MIN. BACKEN

40 g Rapsöl
190 g Apfel-Mango-Mark (aus dem Glas; ersatzweise Obstgläschen)
250 g Vollkorn-Dinkelmehl
50 g Hirseflocken
1 TL Weinstein-Backpulver
½ TL Ceylon-Zimtpulver

PRAXIS-TIPP: Für herzhafte Stangen das Fruchtmark durch Gemüsepüree (z. B. Kürbisgläschen) ersetzen. Je nach Konsistenz des Pürees im ersten Schritt wenig oder gar kein Wasser zugeben.

NÄHRSTOFF-TIPP: Der Teig kann noch mit 1 EL Tahin (Sesampaste) oder braunem Mandelmus ergänzt werden. So liefern die Stangen wertvolle Nährstoffe wie Zink und Magnesium.

MEAL-PREP-TIPP: Die Stangen halten sich luftdicht verpackt ca. 3 Tage. Nach dem Auskühlen können sie auch prima tiefgekühlt werden. Bei Bedarf im Kühlschrank in ca. 1 Std. auftauen.

MÖHRENBROT
GANZ EINFACH

AB BEIKOSTREIFE

1 Alle Mehlsorten und Leinsamen in einer großen Schüssel mischen. Die Hefe darüberbröseln. Möhrensaft und 150 ml lauwarmes Wasser zugießen und alles mit einem Holzlöffel verrühren. Die Schüssel abdecken und den Teig ca. 24 Std. kühl (bei ca. 15-18 °) gehen lassen. Währenddessen den Teig zweimal mit einem Teigschaber nach innen falten. Dafür den Teig mithilfe des Schabers rundum mehrmals von außen in die Mitte ziehen.

2 Den Backofen auf 250° vorheizen, die Kastenform mit Backpapier auslegen. Den Teig nochmals falten, dann vorsichtig in die Form füllen und abgedeckt gehen lassen, bis der Ofen heiß ist. Das Brot im Ofen (unten) ca. 15 Min. backen. Dann die Temperatur auf 180° reduzieren und das Brot in ca. 45 Min. fertig backen.

3 Das Brot aus dem Ofen nehmen und ca. 20 Min. in der Form abkühlen lassen. Danach auf ein Kuchengitter stürzen und vollständig auskühlen lassen. In Scheiben geschnitten kann das Möhrenbrot sehr gut tiefgekühlt werden.

FÜR 1 BROT
(24 SCHEIBEN)
10 MIN. ZUBEREITUNG
24 STD. RUHEN
1 STD. BACKEN

400 g Dinkelmehl (Type 630)
200 g Vollkorn-Dinkelmehl
200 g Roggenmehl (Type 1150)
50 g geschroteter Leinsamen
5 g frische Hefe
500 ml Möhrensaft

Außerdem:
Kastenform (30 cm lang)

PRAXIS-TIPP: Achte darauf, dass der Möhrensaft ohne Honig oder Zucker zubereitet ist. Natürlich kannst du auch selbst Möhren entsaften oder statt Saft einfach Wasser verwenden.

MEAL-PREP-TIPP: Das Brot schmeckt für Erwachsene etwas fad – wir backen deshalb meist gleich 2 Laibe, einen fürs Baby und einen mit Salz für die Großen. Das Salz einfach mit ins Mehl mischen. Das Babybrot kannst du in Scheiben geschnitten tiefkühlen und bei Bedarf auftauen – so musst du maximal zweimal im Monat backen.

TOASTBROT
SELBST GEBACKEN

AB BEIKOSTREIFE

FÜR 1 BROT (20 SCHEIBEN)
15 MIN. ZUBEREITUNG
1 STD. 45 MIN. RUHEN
22 MIN. BACKEN

300 g Mehl
100 g Vollkorn-Weizenmehl
21 g frische Hefe
1 EL Rapsöl
1 EL Butter

Außerdem:
Kastenform (25 cm lang)
Öl für die Form
Mehl zum Arbeiten

1 Beide Mehlsorten in einer Schüssel mischen, in die Mitte eine Mulde drücken. Die Hefe in 50 ml lauwarmes Wasser bröseln und darin auflösen. Das Hefewasser in die Mulde gießen und etwas Mehl vom Rand darüberstreuen. Den Vorteig zugedeckt ca. 5 Min. an einem warmen Ort gehen lassen.

2 Öl und 300 ml lauwarmes Wasser zum Vorteig geben. Alles in ca. 10 Min. zu einem glatten, klebrigen Teig verrühren. Den Hefeteig zugedeckt an einem warmen Ort ca. 1 Std. gehen lassen.

3 Die Kastenform mit Öl einfetten. Den Teig mithilfe einer Teigkarte direkt in die Kastenform gleiten lassen und glatt streichen. Den Teig zugedeckt ca. 40 Min. gehen lassen.

4 In der Zwischenzeit den Backofen auf 200° vorheizen. Das Brot im Ofen (Mitte) 20–22 Min. backen. Herausnehmen, die Butter auf das heiße Brot geben, mit einem Pinsel verstreichen und kurz einziehen lassen. Dann das Brot aus der Form lösen und auf einem Kuchengitter auskühlen lassen.

MEAL-PREP-TIPP: Das Toastbrot kann in Scheiben geschnitten tiefgekühlt und im Toaster aufgetaut werden. So schmeckt es wie frisch gebacken.

APFEL- UND BANANEN-BITES

AB PINZETTENGRIFF

FÜR JE 3 STÜCK • 10 MIN. ZUBEREITUNG

1 Apfel • 2 TL Cashewmus • 1 TL Hanfsamen • 1 Banane • 2 TL Erdnussmus • 2 TL Rosinen

1 Den Apfel sehr gut waschen und das Kerngehäuse mit einem Apfelausstecher entfernen. Den Apfel mit einem scharfen Messer quer in 3 mm dicke Ringe schneiden. Dann 3 Apfelringe mit dem Cashewmus bestreichen und mit Hanfsamen bestreuen. Pro Snackportion 2–3 Ringe servieren (den restlichen Apfel anderweitig verwenden).

2 Die Banane schälen, in 6 cm lange Stücke schneiden und diese längs halbieren. Dann 3 Stücke mit dem Erdnussmus bestreichen und mit Rosinen bestreuen. Pro Snackportion 2–3 Bananenstücke servieren (die restliche Banane anderweitig verwenden).

PRAXIS-TIPP: Nicht nur Äpfel und Bananen können so belegt werden, auch andere Früchte eignen sich prima – z. B. in Scheiben geschnittene Melone, Pfirsich und Nektarine sowie Birne und Kiwi. Zum Bestreichen bieten sich verschiedene Nussmuse an und zum Bestreuen Hanfsamen, gemahlene Nüsse, Sesam, Trockenfrüchte, Kakaopulver und Ceylon-Zimtpulver.

APFEL-PFIRSICH-STANGEN

AB BEIKOSTREIFE

FÜR 12 STÜCK • 12 MIN. ZUBEREITUNG • 15 MIN. BACKEN

1 kleiner Apfel • 1 Pfirsich (ersatzweise Aprikose) • 150 g feine Haferflocken • ½ TL Ceylon-Zimtpulver

1 Den Backofen auf 200° vorheizen, ein Blech mit Backpapier belegen. Apfel und Pfirsich waschen, vierteln und entkernen. Die Früchte zusammen in einen hohen Rührbecher geben und mit dem Pürierstab fein mixen. Haferflocken und Zimt untermischen.

2 Von der Masse mit einem Esslöffel etwa tischtennisballgroße Portionen abnehmen und mit angefeuchteten Händen zu 6–7 cm langen Stangen formen. Die Stangen auf das Blech legen und im Ofen (Mitte) in ca. 15 Min. zartbraun backen lassen. Herausnehmen und auf einem Kuchengitter auskühlen lassen.

NÄHRSTOFF-TIPP: Für nährstoffreichere Stangen Dinkelflocken verwenden. Sie enthalten sowohl mehr Proteine als auch Kohlenhydrate. Für eine Extraportion gesundes Fett 1 EL Nussmus unter die Masse rühren.

MÖHRENWÖLKCHEN

AB BEIKOSTREIFE

1 Den Backofen auf 175° vorheizen, ein Backblech mit Backpapier belegen. Die Möhren schälen und fein raspeln.

2 Öl, Eier, Möhrengläschen und 50 ml Wasser in einer Schüssel mit den Rührbesen des Handrührgeräts schaumig schlagen. Mehl, Haferflocken, Backpulver und Thymian zugeben und zügig zu einem glatten Teig verrühren. Die Möhrenraspel unterheben.

3 Jeweils 1 EL Teig als Häufchen auf das Blech setzen. Die Wölkchen im Ofen (Mitte) 13–15 Min. backen. Herausnehmen und auf einem Kuchengitter auskühlen lassen.

FÜR 18 STÜCK
15 MIN. ZUBEREITUNG
15 MIN. BACKEN

100 g Möhren
85 ml Rapsöl
2 Eier (M)
125 g Möhrengläschen (ersatzweise gekochte, pürierte Möhren)
150 g Vollkorn-Dinkelmehl
40 g feine Haferflocken
2 TL Weinstein-Backpulver
1 TL getrockneter Thymian

PRAXIS-TIPP: Für die Wölkchen lassen sich prima Reste von Gemüsegläschen verwerten. Statt der Möhrenraspel kannst du auch Kürbis, Pastinake oder Brokkoli verwenden.

NÄHRSTOFF-TIPP: Die Kombination von Möhren und Haferflocken begünstigt u. a. die Aufnahme von Eisen. Durch die Zugabe von 1 EL gemahlenen Kürbiskernen werden die Wölkchen mit B-Vitaminen aufgewertet.

SESAMKRINGEL

AB PINZETTENGRIFF

1 Mehl und Trockenhefe in einer Schüssel mischen. Öl, Tahin, Joghurt, Ei und 150 ml Wasser zugeben und alles in ca. 5 Min. zu einem glatten, weichen Teig verkneten. Den Teig zugedeckt an einem warmen Ort ca. 1 Std. gehen lassen.

2 Inzwischen den Backofen auf 175° vorheizen. Zwei Backbleche mit Backpapier belegen. Etwas Wasser in einen tiefen Teller füllen, hellen und dunklen Sesam in einem zweiten Teller mischen.

3 Den Teig halbieren. Aus einer Teighälfte mit eingeölten Händen 12 golfballgroße Kugeln formen. Die Kugeln auf der dünn bemehlten Arbeitsfläche mit den Händen zu ca. 15 cm langen Strängen rollen und die Enden zu Kringeln zusammendrücken.

4 Die Kringel mit der Oberfläche zuerst ins Wasser tauchen, dann leicht in den Sesam drücken. (Für Beikostanfänger die Kringel nur ins Wasser tauchen.) Die Kringel mit etwas Abstand auf das Blech legen und im Ofen (Mitte) 13–15 Min. backen. Herausnehmen und auf einem Kuchengitter auskühlen lassen. Mit der zweiten Teighälfte wiederholen.

FÜR 24 STÜCK
25 MIN. ZUBEREITUNG
1 STD. GEHEN
30 MIN. BACKEN

500 g Vollkorn-Weizenmehl
7 g Trockenhefe
2 EL Olivenöl
1 EL Tahin (Sesampaste)
160 g Joghurtalternative auf Cashewbasis (ersatzweise Joghurt)
1 Ei (M)
15 g heller Sesam (ungeschält)
1 TL dunkler Sesam (ersatzweise Schwarzkümmel)

Außerdem:
Öl zum Arbeiten
Mehl zum Arbeiten

FÜR DIE GROSSEN: Zusätzlich 1 TL grobes Meersalz unter den Sesam mischen und die Kringel in die Sesam-Salz-Mischung drücken.

MEAL-PREP-TIPP: Statt zu Kringeln kannst du die Teigkugeln auch zu kleinen Brötchen formen. Die Backzeit verlängert sich dann um ca. 2 Min. Kringel und Brötchen halten sich in einer Papiertüte ca. 2 Tage frisch und können auf dem Toaster kurz aufgetoastet werden. Sie eignen sich auch prima zum Tiefkühlen.

HIMBEER-KOKOS-EIS

AB BEIKOSTREIFE

FÜR 6 STÜCK • 10 MIN. ZUBEREITUNG • 4 STD. TIEFKÜHLEN

100 g Mango • 100 g Himbeeren • 1 TL Limettensaft (ersatzweise Zitronensaft) • ¼ TL gemahlene Bourbon-Vanille • 200 g Kokosmilch • 6 Eisförmchen (à 75 ml) mit Stielen

1 Die Mango schälen und 100 g Fruchtfleisch flach vom Stein schneiden. Das Fruchtfleisch in einem Hochleistungsmixer fein pürieren und gleichmäßig in die Eisförmchen füllen.

2 Die Himbeeren verlesen, waschen und trocken tupfen. Mit Limettensaft und Vanille im Mixer fein pürieren. Gleichmäßig auf dem Mangopüree verteilen. Die Kokosmilch glatt rühren und die Eisförmchen damit auffüllen. Die Stiele hineinstecken und das Eis im Tiefkühlfach mindestens 4 Std. gefrieren lassen.

FÜR DIE GROSSEN: Das Stieleis vor dem Servieren kurz antauen lassen und in einer Mischung aus 1 TL Kokosraspel und 1 TL gehackter Schokolade wälzen.

PRAXIS-TIPP: Die Früchte können beliebig ausgetauscht werden. Statt Himbeeren schmecken z. B. Heidelbeeren und statt Mango auch mal Kiwi.

APFELSAFT-GUMMIBÄRCHEN

AB PINZETTENGRIFF

FÜR 200 STÜCK • 12 MIN. ZUBEREITUNG • 30 MIN. RUHEN

200 ml Apfelsaft (ersatzweise Gemüsesaft) • ½ TL Ceylon-Zimtpulver • 1 ½ TL Agar-Agar • Silikonform mit 200 Mulden (à 1 ml Inhalt, Bärchen oder Herz)

1 Den Saft in einen kleinen Topf gießen und den Zimt mit einem Schneebesen unterrühren. Das Agar-Agar einrieseln lassen und klümpchenfrei verrühren. Den Saft aufkochen und bei kleiner Hitze ca. 4 Min. unter Rühren köcheln lassen. Den Topf vom Herd nehmen.

2 Die Saftmischung in die Mulden der Form füllen und in ca. 30 Min. fest werden lassen.

3 Die Gummibärchen danach aus der Form lösen und in einem Schraubglas aufbewahren. Im Kühlschrank halten sie sich ca. 7 Tage.

PRAXIS-TIPP: Anders als Gelatine geliert Agar-Agar nicht beim Aufkochen, sondern beim Auskühlen. Die Gummibärchen haben eine weichere Konsistenz als gekaufte und können vom Baby mit der Zunge am Gaumen zerdrückt werden. Die Gefahr des Verschluckens ist somit minimiert. Sie sind als Süßigkeit gedacht und ein toller Ersatz zu Fruchtgummis mit Zucker und Zusätzen.

NÄHRSTOFF-TIPP: Auch mit Gemüsesäften lassen sich vitaminreiche Bärchen herstellen. Wie wäre es zum Beispiel mit Rote-Bete-Saft und 1 TL mildem Currypulver oder mit Tomatensaft und 1 TL getrocknetem Basilikum?

HERZHAFTE GEMÜSEWAFFELN

AB BEIKOSTREIFE

1 Das Gemüse waschen oder schälen, putzen und fein reiben. Die Gemüseraspel in eine Schüssel geben. Eier, Öl, Mineralwasser und Kräuter zufügen und mit den Rührbesen des Handrührgeräts gut verrühren. Mehl und Backpulver zügig unterrühren.

2 Das Waffeleisen auf mittlerer Stufe vorheizen. Die Backflächen vor der ersten Waffel dünn mit Öl einfetten. Dann 3 EL Teig gleichmäßig auf der unteren Backfläche verteilen. Das Waffeleisen schließen und die Waffel ca. 4 Min. backen. Herausnehmen und auf einem Kuchengitter abkühlen lassen. Mit dem restlichen Teig wiederholen und so insgesamt 4 Waffeln backen. Die Waffeln bis zu 2 Tage im Kühlschrank aufbewahren oder in Herzen geteilt maximal 12 Monate tiefkühlen.

FÜR 4 WAFFELN
30 MIN. ZUBEREITUNG

250 g Gemüse (geputzt gewogen; z. B. Brokkoli, Kürbis, Möhre, Rote Bete, Süßkartoffel, Zucchini)
2 Eier (M)
4 EL Rapsöl
80 ml Mineralwasser mit Kohlensäure
1 TL getrocknete italienische Kräuter (ersatzweise gemahlene Kurkuma)
200 g Dinkelmehl (Type 630)
1 TL Backpulver

Außerdem:
Herz-Waffeleisen
Öl für das Waffeleisen

PRAXIS-TIPP: Dieses Grundrezept kannst du auch mit 250 g fein geraspeltem Obst (z. B. Apfel, Birne, Aprikose, Pfirsich) zubereiten. Fruchtige Waffeln würzt du mit ½ TL Ceylon-Zimtpulver oder ½ TL gemahlener Bourbon-Vanille. Hast du es eilig, verwende ersatzweise Gemüse- oder Obstgläschen. Es gibt Waffeleisen, in denen Waffelsticks gebacken werden können. Aber auch herzförmige oder rechteckige Waffeln lassen sich so schneiden, dass sie vom Baby zu Beginn der Beikost gegriffen und gehalten werden können.

REGISTER

BACKOFENHINWEIS:
Die Backzeiten können je nach Herd variieren. Die Temperaturangaben in unseren Rezepten beziehen sich auf das Backen im Elektroherd mit Ober- und Unterhitze und können bei Gasherden oder Backen mit Umluft abweichen. Details entnehmen Sie bitte der Gebrauchsanweisung Ihres Herdes.

IMPRESSUM

G|U

GU ist eine eingetragene Marke der GRÄFE UND UNZER VERLAG GmbH, www.gu.de

ISBN 978-3-8338-7810-7
11. Auflage 2026

Projektleitung: Melanie Loser
Lektorat: Petra Teetz
Korrektorat: Adriane Andreas
Innen- und Umschlaggestaltung: independent Medien-Design, Horst Moser, München
Herstellung: Susanne Fuhrmann
Satz: Longo AG, Bozen
Repro: Longo AG, Bozen
Druck und Bindung: Printer Trento s.r.l., Trento

DIE AUTORINNEN

Lena Merz und Annina Schäflein sind DIE Expertinnen für breifreie Beikost. Mit ihrem Blog breifreibaby.de erreichen sie täglich tausende Interessierte und wissen daher ganz genau, welche Fragen Eltern beim Beikoststart haben. Als Krankenschwester, Mama zweier Töchter und Fachkraft für babygeleitete Beikost bringt Annina Schäflein ihre Expertise ein und wird dabei perfekt ergänzt durch Lena Merz mit ihrer langjährigen Erfahrung als Kochbuchautorin, Ernährungsberaterin und Food-Redakteurin. Gemeinsam beweisen sie, dass eine gesunde Familienküche absolut alltagstauglich und lecker sein kann.

BILDNACHWEIS

Sabrina Sue Daniels: Cover, Umschlag, Klappen, alle Food- und Rezeptfotos und S. 2/3, 11, 15, 16, 19; Simon Koy: Vorwort, alle Aufmacherbilder und S. 5, 8, 12, 20

Syndication: www.imageprofessionals.com

DIE FOTOGRAFIN

Sabrina Sue Daniels ist ausgebildete Fotografin, Ernährungscoach, Foodstylistin und Autorin zahlreicher Kochbücher. Bezeichnend für ihre ausdrucksstarke Fotografie sind ästhetisch inszenierte Foodfotos mit viel Liebe zum Detail.

WICHTIGER HINWEIS

Die Anregungen in diesem Buch stellen die Meinung der Verfasserinnen dar. Sie wurden nach bestem Wissen erstellt und mit größtmöglicher Sorgfalt geprüft. Sie bieten jedoch keinen Ersatz für persönlichen medizinischen Rat. Jede(r) Leser(in) ist für das Tun selbst verantwortlich. Weder Autorinnen noch Verlag können für eventuelle Nachteile, die aus den im Buch gegebenen Hinweisen resultieren, eine Haftung übernehmen.

QUALITÄTS G|U GARANTIE

LIEBE LESERINNEN UND LESER,

wir wollen Ihnen mit diesem Buch Informationen und Anregungen geben, um Ihnen das Leben zu erleichtern oder Sie zu inspirieren, Neues auszuprobieren. Wir achten bei der Erstellung unserer Bücher auf Aktualität und stellen höchste Ansprüche an Inhalt und Gestaltung. Alle Anleitungen und Rezepte werden von unseren Autoren, jeweils Experten auf ihren Gebieten, gewissenhaft erstellt und von unseren Redakteur*innen mit größter Sorgfalt ausgewählt und geprüft.

Haben wir Ihre Erwartungen erfüllt? Sind Sie mit diesem Buch und seinen Inhalten zufrieden? Wir freuen uns auf Ihre Rückmeldung. Und wir freuen uns, wenn Sie diesen Titel weiterempfehlen, in Ihrem Freundeskreis oder bei Ihrem Online-Kauf.

Sollten wir Ihre Erwartungen so gar nicht erfüllt haben, tauschen wir Ihnen Ihr Buch jederzeit gegen ein gleichwertiges zum gleichen oder ähnlichen Thema um.

KONTAKT ZUM LESERSERVICE

GRÄFE UND UNZER VERLAG
Grillparzerstraße 8
81675 München
www.gu.de

Dieses Buch ist auf PEFC-zertifiziertem Papier gedruckt. PEFC garantiert, dass Holz- und Papierprodukte aus nachhaltig bewirtschafteten Wäldern stammen.

Die GU-Homepage finden Sie unter www.gu.de